医药卫生管理专业导论系列教材

公共事业管理专业导论

(第2版)

王高玲 主编

东南大学出版社
SOUTHEAST UNIVERSITY PRESS

图书在版编目(CIP)数据

公共事业管理专业导论 / 王高玲主编. — 2版. — 南京:东南大学出版社,2021.12(2024.8重印)
(医药卫生管理专业导论系列教材)
ISBN 978-7-5641-9824-4

Ⅰ.①公… Ⅱ.①王… Ⅲ.①公共管理-高等学校-教材 Ⅳ.①D035

中国版本图书馆 CIP 数据核字(2021)第 246006 号

责任编辑:陈潇潇　责任校对:子雪莲　封面设计:王　玥　责任印制:周荣虎

公共事业管理专业导论(第2版)

主　　编	王高玲
出版发行	东南大学出版社
社　　址	南京四牌楼2号　邮编:210096　电话:025-83793330
网　　址	http://www.seupress.com
电子邮件	press@seupress.com
经　　销	全国各地新华书店
印　　刷	南京京新印刷有限公司
开　　本	700 mm×1000 mm　1/16
印　　张	11
字　　数	180千字
版　　次	2014年11月第1版　2021年12月第2版
印　　次	2024年8月第2次印刷
书　　号	ISBN 978-7-5641-9824-4
定　　价	33.00元

＊ 本社图书若有印装质量问题,请直接与营销部调换。电话(传真):025-83791830。

医药卫生管理专业导论系列教材编写指导委员会

主 任 委 员　田　侃

副主任委员　姚峥嵘　杨　勇

委　　　员　（按姓氏笔画排序）

　　　　　　王高玲　田　侃　华　东　汤少梁
　　　　　　孙瑞玲　杨　勇　宋宝香　张　丽
　　　　　　陈　娜　姚峥嵘　钱爱兵　熊季霞

秘　　　书　赵明星

《公共事业管理专业导论》
（第2版）
编写委员会

主　编　王高玲

副主编　沈秋欢　卫　陈

编　委　（以下按姓氏笔画排序）
　　　　王　安　申瑜洁　朱小颖　杨　宇
　　　　徐　州　倪语初

序

我国的高等学校分为研究型大学、教学型大学和应用型大学。目前,综合性的院校立足于建设研究型大学,普通高等院校偏向于建设教学型大学,职业技术高校的侧重点在建设应用型大学。传统的本科教育一直注重理论教学,这种教育模式使得学生缺乏实践能力。中医药教育同时兼备了研究、教学与应用的功能,南京中医药大学为了建设一流的中医药大学,将理论性和实践性结合,推出了专业导论系列教材。

本套医药卫生管理专业导论系列教材是我校卫生经济管理学院组织教学科研一线教师精心编写的本科专业课程指导教材。本套教材首次作为各个专业的指导教材,凝结了教师多年的教学经验,从专业角度出发对课程进行全面而系统的概括。

教材着眼于新生专业课程的入门教育,希望专业导论的开展能够使学生对专业学习有一个宏观的把握,更好地了解专业课程设置的背景和目的,了解本专业中的教学要求以及存在的问题,树立正确的专业认知。教材同时对学科的发展脉络进行了梳理,能够对学生今后的学习和就业提供一定的指导和借鉴。

本套教材有如下基本特点:

1. 专业区分明确。本系列教材主要包括公共事业管理专业导论、药事管理专业导论、国际经济与贸易专业导论、大数据管理与应用导论、信息管理与信息系统专业导论、市场营销专业导论、健康服务与管理专业导论等。每本教材严格按照国家教育部专业目录基本要求和学校的专业培养目标编写,更加突出培养人才的专业性趋势,使学生更加具有社会竞争的优势。

2. 注重基础把握。在高等中医药院校中,医学卫生管理类专业属于交叉学科,也属于边缘学科,以往的教材侧重于对专业整体导向的把握,对中医药却少有涉及。本套系列教材结合中医药特色,充分研究论证专业人才的素质要求、学科体系构成,旨在培养适应社会主义新时代和中医药发展需要,同时具备中医药基本理论、基本知识、基本技能的专业人才。

3. 重视能力培养。本系列教材是为了提高学生专业能力而设置的专业导论,在课堂讲授的同时,也设置一定量的练习题,使学生能够更好地挖掘学习资源,提高学生自主学习和探索的能力。同时在一些课程中增加了实际案例,使之更具有趣味性和实用性,以进一步培养学生的专业素养。

4. 适用教学改革。按照高等学校教学改革的要求,专业导论本着精编的原则,切实减轻学生负担。全套教材在精炼文字的同时,更加注重提高内容质量,根据学科特点编写,更加切合学生学习的需要。

当前国内尚未出版针对专业教学的指导教材用书,本套系列教材也算是摸着石头过河的探索,我赞赏我校卫生经济管理学院老师认真负责的态度和锐意创新的精神,欣然应允为本套创新教材作序。

黄桂成

2014 年 9 月(初稿)

2021 年 6 月(二稿)

再版前言

改革开放以来,随着我国社会主义市场经济体制逐步确立并不断完善,我国社会管理的方式不断变革,政府的职能与角色也发生着深刻的变化。根据社会主义市场经济的要求,需要形成新的公共事业管理体制,培养新型公共事业管理人才。

1998年,当时的国家教委在普通高等学校专业目录中增设了公共事业管理本科专业,是公共管理类的四个专业之一,其他的三个专业分别是行政管理、劳动与社会保障、土地资源管理。公共事业管理专业是适应政府社会管理和经济管理改革的需要,以社会公共事务这一管理对象为依据而设立的专业,主要为国家培养现代公共管理人才。该专业自1998年设立后,如雨后春笋般在全国高校落地生根,成为我国高等院校新兴的发展较快的热门专业之一,并向社会源源不断地输送掌握现代公共管理理论、技术与方法,在科技、文化、教育、卫生、环境保护、社会保障及公用事业等领域从事管理工作的高级专门人才。从已经开办公共事业管理专业的学校的情况来看,虽然该专业的名称是全国统一的,但是各高校专业的办学方向是多样化的,大多数学校都依靠原有的办学基础,根据自身的特点和拥有的教育资源制定了符合自身情况的培养方案。本书力求通过通俗简要的专业介绍,使学生在入学之初就对公共事业管理专业的人才培养目标与基本要求、课程设置及所涉及的研究领域、教学安排与学习方法等有一个初步认识,稳固专业思想,提高学习兴趣与动力,以正确的学习态度与学习方法进行专业学习。

本教材的主编和编者全部是从事相关基础课和专业课教学多年的专业教师,不仅有较丰富的教学经验,而且有较丰富的专业实践经验,对这门课程的内涵、特点等都有较深刻的认识和切身体验。与第一版相比,本书增加了公共事业管理专业的现状与特色、相关理论的发展演进、创新创业教育实践等内容,在体例上设置了拓展阅读环节,力求使教材更具时代性和实用性。

具体编写分工如下(按章节顺序排):第一章王高玲、沈秋欢,第二章徐州,第三章王安,第四章卫陈,第五章彭翔、杨宇,第六章王高玲、申瑜洁,第七章张丽、朱小颖、倪语初。

本书在编写过程中,参考了许多学者的著作,借鉴了他们的成果,在此向他们致以谢意。由于水平有限,我们真挚地希望读者对本书的错误和不妥之处提出批评与建议,在此表示衷心的感谢。

编者
2021 年 4 月

目 录

第一章 公共事业管理专业的沿革与发展

第一节 公共事业管理专业及其相关专业 …………… 002
- 一、公共事业管理专业介绍 ………………………… 002
- 二、相关专业介绍 …………………………………… 006

第二节 公共事业管理专业的产生与国内外发展 …… 010
- 一、公共事业管理专业的创立 ……………………… 010
- 二、专业的国外发展情况 …………………………… 010
- 三、专业的国内发展情况 …………………………… 014

第二节 公共事业管理专业的现状与特色 …………… 017
- 一、公共事业管理专业的现状 ……………………… 017
- 二、公共事业管理专业的特色 ……………………… 021

第二章 公共事业管理专业人才培养目标和要求

第一节 公共事业管理专业的人才培养目标 ………… 026
- 一、公共事业管理人才的需求分析 ………………… 026
- 二、总体培养目标 …………………………………… 028

三、专业培养目标 ·· 029

第二节　公共事业管理专业的人才素质要求 ························· 030
　　一、素质结构要求 ·· 031
　　二、知识结构要求 ·· 031
　　三、能力结构要求 ·· 031

第三节　相近专业的人才培养目标及人才素质要求 ················· 032
　　一、工商管理 ··· 032
　　二、行政管理 ··· 033

第四节　公共事业管理专业人才培养目标及人才素质要求的实现途径
　　··· 034
　　一、公共事业管理专业人才培养目标与要求 ···················· 034
　　二、公共事业管理专业人才培养模式与途径 ···················· 038

第三章　公共事业管理专业的学科基础

第一节　公共事业管理专业学科的理论基础 ·························· 043
　　一、公共需求理论 ·· 044
　　二、公共产品理论 ·· 045
　　三、公共事务治理理论 ··· 048
　　四、新公共管理理论 ··· 050
　　五、新公共服务理论 ··· 051

第二节　专业学科的研究内容 ··· 052
　　一、公共事业管理的主体 ··· 052
　　二、公共事业管理的客体 ··· 054
　　三、公共事业管理的目的 ··· 054
　　四、公共事业管理的方法 ··· 055
　　五、公共事业管理的环境 ··· 055

第三节　专业学科的研究方法 ··· 056
　　一、历史研究法 ·· 056
　　二、案例分析法 ·· 057
　　三、比较研究法 ·· 057

四、实践抽象法 ································· 058

　　五、试验分析法 ································· 058

　　六、实体分析法 ································· 058

　　七、系统分析法 ································· 059

第四章　公共事业管理专业课程体系

第一节　课程体系及设计思路 ························· 063
　　一、课程的内涵 ································· 063

　　二、课程体系的要素分析 ··························· 064

　　三、课程设计的思路 ······························· 067

第二节　课程设计原则 ······························· 068
　　一、科学性原则 ································· 068

　　二、创新性原则 ································· 069

　　三、社会需求导向原则 ····························· 070

　　四、专业方向课程设置原则 ························· 071

　　五、实践性原则 ································· 071

第三节　基础课程与核心课程介绍 ····················· 073
　　一、基础课程 ··································· 073

　　二、核心课程 ··································· 075

第四节　实验与实践教学 ····························· 077
　　一、实验教学 ··································· 077

　　二、专业实习 ··································· 078

　　三、毕业论文 ··································· 079

　　四、课外实践 ··································· 079

第五章　公共事业管理专业教学安排及学习方法

第一节　教学安排 ··································· 087
　　一、教学目标 ··································· 087

　　二、教学内容 ··································· 087

三、教学方法 ·· 088
第二节　教学环节 ·· 091
　　一、理论教学 ·· 091
　　二、自主学习 ·· 093
　　三、实践教学 ·· 094
　　四、学习方法建议 ·· 099
　　五、考核要求 ·· 103

第六章　公共事业管理专业毕业、就业及继续教育

第一节　毕业要求 ·· 108
　　一、毕业考核 ·· 108
　　二、毕业流程 ·· 111
第二节　公共事业管理的就业 ···································· 111
　　一、就业领域 ·· 112
　　二、就业前景 ·· 115
第三节　学历深造 ·· 120

第七章　公共事业管理专业学习辅导

第一节　专业名人 ·· 125
　　一、公共管理理论初创阶段代表人物 ·························· 125
　　二、公共行政管理理论演进过程中的代表人物 ·················· 126
　　三、公共行政管理理论深化过程中的代表人物 ·················· 130
　　四、公共行政管理理论拓展中的代表人物 ······················ 132
第二节　专业名著 ·· 133
　　一、西方政治学经典名著 ···································· 133
　　二、西方管理学经典名著 ···································· 135
　　三、制度经济学经典名著 ···································· 137
　　四、公共行政学经典名著 ···································· 139
　　五、公共政策学经典名著 ···································· 143

六、公共管理学阅读名著 …………………………………… 146
七、研究方法论阅读经典 …………………………………… 149
第三节　专业名刊 …………………………………………… 151
一、中文期刊 ………………………………………………… 151
二、外文期刊 ………………………………………………… 152

参考文献 ……………………………………………………… 154

第一章 公共事业管理专业的沿革与发展

 内容提要

公共事业管理专业是根据社会发展、公共事业管理变革的需要而设置的。设置该专业的目的是培养能够在各级党政机关、企事业单位、特别是各种公共组织中从事管理工作、相关研究和教育工作的高素质人才。二战后,尤其是20世纪70年代以来,随着社会、经济的不断进步和科学技术的迅速发展,社会公共事务的管理面临着前所未有的挑战,对公共事业管理工作的科学化、专业化要求日益增加,西方国家兴起了与传统的公共行政学相区别的公共管理学。改革开放后,我国的公共事业管理专业应运而生,公共事业管理专业教育成为一个新兴学科,公共事业管理专业逐渐成为公共管理学下的一个分支专业。经过长期的发展,公共事业管理专业已经成为一个充满生机活力的专业。我国公共事业管理专业在快速发展的过程中取得了不少成就。新一轮全球科技革命、产业革命与治理变革方兴未艾,公共管理的实践变化对中国公共管理学的转型与重构提出了新要求、新任务。要进一步加强公共事业管理专业建设，促进公共事业管理专业高质量发展。

第一节 公共事业管理专业及其相关专业

一、公共事业管理专业介绍

1. 公共事业和公共事业管理

公共事业一般是指那些面向全社会，以满足社会公共需要为基本目标，直接或间接为国民经济和社会生活提供服务或创造条件，并且不以营利为目的的社会活动。公共是与私人相对立的词，有两层意思：一是指属于社会的，二是指公有公用的。公共事业中所说的"公共"一词包括如下几层含义：第一，与私人相区别，表明事业管理的主体主要是公共部门，而不是私人企业或私人机构；第二，明确了事业活动的目的和责任，是为了满足社会的共同需要，而不是一般的个别需要；第三，决定了事业活动的绩效，不能简单地利用利润或效率作为标准，而必须用服务数量、质量，满足社会需求的程度等多种尺度作为标准；第四，强调公众的参与性，事业活动面对社会和公众，与社会和公众的利益有广泛的联系，需要公众在物质和精神上支持，也包括对事业活动必要的约束和监督。

公共事务是与私人事务相对应的概念，一般是指个人、家庭、企业无力或不愿承担，但又是每一个社会成员在生产生活中不可缺少的、需要由政府等公共组织提供的服务或办理的事项。广义的公共事务是指国家立法部门授权国家行政部门管理的所有与国家和社会整体利益有关的事务和活动，如政治事务、经济事务、社会事务等。狭义的公共事务是指体现政府政治统治职能的活动，如国防、外交、内政、司法、治安等事务，通常更具鲜明的政治性和阶级性。有时也指政府管理的除经济、政治事务外的其他事务。我国的行政管理实践中,将科、教、文、卫、体等方面的事务视为公共事务,分别由不同的政府部门负责管理。

公共事业管理,简单地说就是对公共事业进行的管理,是指公共事业组织在一定的环境和条件下,动员和运用有效资源,采取计划、组织、领导和控制等方式对社会准公共事务进行协调,实现提高生活质量、保证社会利益目标的活动过程。公共事业管理的基本目标是更好地满足社会的各种公共需要,运用公共权力和公共资源为社会的生存和发展创造条件。公共事业管理是公共管理的一个子领域,是在公共事业组织特征的基础上研究公共事业组织的活动和管理过程及其规律的学科,其目的是提高公共事业组织活动绩效,促使公共事业组织更有效地提供公共物品和服务。

对公共事业管理的理解往往离不开对其主客体的认识。

首先,政府是公共事业管理的主要主体,这是由政府代表国家行使的公共权力决定的。公共事业管理的目标是有效地提供公共物品与使用公共资源。由于"个体的理性必然导致集体的非理性",因此,公共事业管理必须基于使用公共权力,其核心问题是通过公共权力的运用来满足社会公共需要。不同等级的公共事业管理需要不同等级的公共权力,但就整个社会而言,只有政府才具有这一公共权力。所以,政府必然要管理公共事业并成为公共事业管理的主要主体。

民众是公共事业管理的基本主体。民众是公共权力的最终拥有者,运用公共权力进行的公共事业管理必然要有民众的参加,以使民众行使公共事业管理的终极权力。只有民众的广泛参与,公共事业管理才能真正实现决策的民主化与科学化。

公共事业管理的客体包含丰富的内容。从实体角度看,公共事业管理的客体包括公共组织与非公共组织。公共事业管理是由各类组织参与的,当各类组织参与公共事业时,就需要对它们进行管理,这样才能保证这些组织实现公共事业管理的根本目标并不以赢利为目的。特别是在我国现阶段,从事公共事业的非政府公共组织追求利润最大化的企业行为(如教育与医疗乱收费等)比比皆是,而各类非公共组织的根本目标就是获取最大利润。因此,对参与公共事业的各类组织进行有效管理是公共事业管理的重要内容,它不仅是确保公共事业管理实现公正与公平价值取向的需要,也是确保公共事业管理实现效率与效益价值取向的需要。从这里我们可以看出，政府作为公共事业管理的主要主体对包括自身在内的各类公共组织和非公共组织进行管理的必要性，因为这一管理任务只有政府才能承担，也是政府必须承担的。

从提供物品角度，公共事业管理的客体包括纯公共物品、准公共物品与私人物品。公共事业涵盖教育、科技、文化、卫生、医疗、体育等领域，这些领域不仅涉及纯公共物品的提供，也涉及准公共物品的提供，甚至还涉及私人物品的提供。如教育领域的义务教育与科学技术领域的基础理论研究属于纯公共物品；教育领域中的高等教育属于准公共物品；志愿者服务中的家庭服务则属于私人物品。

从管理层面角度，公共事业管理的客体包括宏观客体与微观客体。宏观客体是公共事业整体，对公共事业整体的管理属于宏观公共事业管理，宏观公共事业管理研究的是公共事业管理的一般规律；微观客体是公共事业的局部与个体（如学校、医院等），对公共事业的局部与个体的管理属于微观公共事业管理，微观公共事业管理研究的是公共事业管理的特殊规律。严格地说，公共事业管理主要是宏观公共事业管理，微观公共事业管理是在宏观公共事业管理理论指导下对公共事业管理价值具体实现的过程。无论是从管理层面还是从理论层面上讲，微观公共事业管理都已经接近企业管理了。因此，公共事业管理理论研究的重点应该是宏观公共事业管理。换言之，公共事业管理理论研究的重点应该是公共事业管理的一般规律。

从管理的手段上来看，有法律、行政、经济、宣传教育、技术等手段。法律手段是指通过制定和实施法律规范及类似法律性质的各种社会规范，对社会关系进行调整，控制、指导和监督社会各方面事务的管理方法。行政手段是指依靠行政组织的权力，运用命令、指示、政策、规定、条例等直接对管理对象发生影响的管理方法，其特点是凭借上下级之间的权威和服从关系，直接指挥下级工作。经济手段是政府依据客观经济规律，借助具体的经济指标和经济杠杆等，运用价值工具、物质利益实施的管理方法。宣传教育手段是指通过对被管理者进行灌输和说服教育，启发其觉悟，从而使其自觉地按照管理者的意志行动的管理方法。在信息时代，信息技术是最基本和最为普遍的技术手段，在政府管理领域的应用也十分广泛。

2. 公共事业管理专业

随着社会经济的迅速发展,市场对于人才多样化的需求也越来越强烈,专业发展必须跟上社会需求的变化。公共事业管理专业正是根据社会发展、公共事业管理变革的需要而设置的。改革开放以来,尤其是20世纪90年代末以来,随着我国社会主义市场经济体制逐步确立并不断完善,在市场经济改革的推动下,我国社会管理的方式不断变革,政府职能也在转变,文教、体育、卫生、环保、社会保障等公共事业作为独立的社会组织,以其特殊的职能正在社会生活中的各个层面日益发挥着重要的作用。继经济体制改革、政治体制改革之后,事业组织管理体制也面临着改革。

要建立政事分开、管理自主科学、面向社会、独立的社会主义事业单位,首先离不开众多的高层次的公共事业管理人才。我国长期以来处于高度计划体制下,行政管理与公共事业管理在管理范围上是混淆的,政事不分、事企不分、效率较低、财政不堪重负,许多不应由政府直接管理的公共事业由政府管了,而应该由政府财政提供的公共物品(例如农村教育、社会保障、水土流失防治工作等)又被遗漏在公共管理范围之外。政府机构改革,就是要通过缩小政府规模,扩大社会公共事业管理范围,达到转变政府职能、提高政府效率的目标。

因此,设置公共事业管理专业的目的是培养能够在各级党政机关、企事业单位,特别是各种公共组织中从事管理工作、相关研究和教育工作的高素质人才。公共事业管理专业是随着我国改革开放的不断深入和经济建设的持续发展,政府和其他公共管理部门的职能、管理手段发生的深刻变化,以及就业市场对公共事业管理人才的需求而发展起来的。我国高校设立的公共事业管理专业紧紧围绕着公共事业专业的定位,并以此作为自身改革与建设的宗旨,同时随着我国改革的进一步深化,随着市场经济体制的逐步建立与完善,为适应形势的需要,不断地从服务于专业人才的培养目标出发,进行改革与完善。

党的十八大召开以后,随着我国市场经济体制改革的全面深化,特别是以政府职能转变为突破口的政治体制改革的推进,以及社会管理创新的展开,公共事业管理作为一个新专业,正面临着十分强劲的社会需求,并且需求量不断提升,可谓"朝阳专业",发展前景十分广阔。

党的十九大召开以后,中国特色社会主义进入新时代,国家治理现代化推进给中国公共管理学的发展带来了新的历史性机遇。十九届中央委员会第四次全体会议通过的《中共中央关于坚持和完善中国特色社会主义制度 推进国家治理体系和治理能力现代化若干重大问题的决定》(以下简称《决定》)中指出:"中国特色社会主义制度是党和人民在长期实践探索中形成的科学制度体系,我国国家治理一切工作和活动都依照中国特色社会主义制度展开,我国国家治理体系和治理能力是中国特色社会主义制度及其执行能力的集中体现。"《决定》还指出:"坚持和完善中国特色社会主义行政体制,构建职责明确、依法行政的政府治理体系。国家行政管理承担着按照党和国家决策部署推动经济社会发展、管理社会事务、服务人民群众的重大职责。必须坚持一切行政机关为人民服务、对人民负责、受人民监督,创新行政方式,提高行政效能,建设人民满意的服务型政府。"可以说,优化政府职责体系和政府组织结构、完善国家行政体制、健全充分发挥中央和地方两个积极性的体制机制等,这些都为我国公共事业管理专业在新时代的新发展指明了方向。

二、相关专业介绍

1. 与公共事业管理相关的专业介绍

(1) 行政管理专业:行政管理是运用国家权力对社会事务进行的一种管理活动,它也可以泛指一切企业、事业单位的行政事务管理工作。行政管理系统是一类组织系统,是社会系统的一个重要分系统。随着社会的发展,行政管理的对象日益广泛,包括经济建设、文化教育、市政建设、社会秩序、公共卫生、环境保护、公共建设等各个方面。现代行政管理多运用系统工程思想和方法,以减少人力、物力、财力和时间的支出和浪费,提高行政管理的效能和效率。该专业主要培养具备行政管理学专业所要求的知识和素养,能在党政机关、事业单位、社会团体等公共管理领域从事管理工作的复合应用型高级专门人才。

(2) 工商管理专业:工商管理专业是市场经济中最常见的一种管理专业。工商管理是研究工商企业经济管理基本理论和一般方法的学科,主要包括企业的经营战略制定和内部行为管理两个方面。工商管理专业的应用性很强,它的目标是依据管理学、经济学的基本理论,通过运用现代管理的方法和手段来进行有效的企业管理和经营决策,保证企业的生存和发展。工商管理专业具有广泛的适用性,且是社会经济各领域广泛需求的专业。该专业培养重点在于现代管理理论、创新的管理模式、现代信息手段应用以及全球化观点与我国企业管理实践的有机结合,以及通过向我国工商界输送具有创新精神的新生力量,推动我国企业管理水平的提高。

(3) 劳动与社会保障专业:劳动与社会保障是综合运用经济学、社会学、政治学等学科理论与方法研究劳动就业与社会保障及其规律的一门学科。劳动与社会保障特定的研究方向主要包括社会保险、慈善事业、社会救助等,其涉及的基础知识涵盖管理学、公共管理、公共经济学、社会统计学、劳动经济学、社会保险、劳动法与社会保障法、社会救助与社会福利、社会保障专题等。该专业旨在培养具备比较扎实的管理学与经济学专业知识,掌握现代管理技术与方法,能在政府劳动与社会保障部门、政府政策研究部门、政府公共人力资源管理部门、企事业单位人力资源管理部门、金融性公司、保险公司及其他公共经济部门从事实际工作,以及在有关的科研机构和高等院校从事研究和教学工作的人才。

(4) 土地资源管理专业:土地资源管理是综合经济学、法学、管理学、区域学等诸多学科,用以解决土地规划与利用相关问题的一门综合学科。城市里每一寸土地的开发、利用都是经济利益、社会利益等诸多利益关系协调和规范的结果。城市人口密度不断增大,城市必须合理地发挥每块土地应有的各种功能。作为城市功能的一种载体,城市里的土地资源非常有限,如何规划和利用影响巨大,也是大家密切关注的问题。所以,这个专业在各个国家都非常受重视。该专业学生主要学习土地管理方面的基本理论和基本知识,受到土地规划、测量、计算机、地籍管理的基本训练,具有土地利用与管理的基本能力。该专业主要培养具备现代管理学、经济学及资源学的基本理论,掌握土地管理方面的基础知识,具有测量、制图、计算机等基本技能,能在国土、城建、农业、房地产以及相关领域从事土地调查、土地利用规划、地籍管理及土地管理政策法规工作的高级专门人才。

(5) 城市管理专业:城市管理学是 20 世纪 50 年代兴起的新兴综合性学科,它融经济学、管理学、城市规划学于一体。该专业旨在适应城市化发展需要，培养高素质人才，主要为中央和地方各级党政机关、企事业单位以及科研教学机构培养高级管理人才和高级教学科研人才。学生通过系统的学习，掌握城市建设的基本原理、技术和方法；具有土木工程技术、市政工程技术和管理的基本知识，能够绘制和运用城市的工程图纸；掌握城市综合管理的基本技术和方法；熟悉城市及市政工程建设的建筑材料与使用方法；了解建设工程造价和建设项目评价的基本原理和方法；掌握城市归属及城市土地利用与规划的理论与方法；熟悉构造工程施工图和系统管理的方法，能运用数学统计学的方法、电子计算机的技术与计划和控制等管理手段解决城市管理中的问题，分析研究城市发展的基础和能力。该专业是为了适应我国城市化和城市管理现代化的迫切需要而设立的，主要培养从事城市公共事务管理、公共政策分析、公共资源管理、市政项目评估、城市经营实践等领域的复合型专门人才。

2. 公共事业管理专业与相关专业的比较

公共事业管理专业与其他相关的行政管理专业、工商管理专业、劳动与社会保障专业、土地资源管理专业、城市管理专业等专业之间既有区别又有联系。这里选取最相关的行政管理专业、工商管理专业与公共事业管理专业做对比分析，以深化对公共事业管理专业的理解和认识。

首先是公共事业管理与行政管理专业的比较分析。行政管理与公共事业管理两者到底有无区别，有何区别，历来众说纷纭。一种观点认为，两者无本质区别，只是名称不同而已；另一种观点认为，公共管理学是一个更大的范畴，它主要关注第三部门（公共事业民营化经营）的管理问题，即公益企业与事业组织、非政府公共机构的管理问题，而行政管理学的研究范围一般局限在政府组织自身的管理及政府组织对社会公共事务的管理。

行政管理和公共事业管理都属于公共管理，因此有很多共同点。比如两者都重视对公共事务的管理，都以政府为核心管理主体，都将管理效率视为一个重要的目标，都重视公共性价值等。因此在课程设置上，行政管理专业和公共事业管理专业都涉及心理学、社会学的知识，管理学、人力资源管理、公共政策学、管理心理学等都是这两个专业同学所要学的专业必修课。此外，两者在教学中都重视案例讨论，比如分析某家公司成功的管理模式，或评议政府部门的某项公共政策等，还要求同学们深入各级企事业单位中去参观、实习,做社会调查等,通过了解具体组织的实际管理方式来提升自己的管理技能。

但是两者又存在重要的区别:一是管理主体不同,行政管理的主体是政府机关,而公共事业管理的主体不仅包括政府机关,还包括事业单位、非政府组织等较为广泛的公共部门。二是研究对象不同,行政管理学研究的对象是国家事务、社会事务及政府内部事务,至于第三部门的管理问题,即公益企业与事业组织的管理问题、非政府公共机构的管理问题,则在行政管理学的范畴之外,而这正是公共事业管理学的研究范围。也就是说,公共事业管理侧重于社会性的公共事务,如教育、文化、卫生、体育、环境、社会保险、科学技术等,其中很多事务就属于第三部门的事务。三是研究侧重点不同,行政管理侧重于理论研究,主张研究政府管理中的基本理论及其相互之间的关系,而公共事业管理则把研究重点放在公共事业的管理上,强调针对性、可操作性和可执行性。四是人才培养模式不同,行政管理培养综合性的理论和实践人才,而公共事业管理则强调培养实践性与应用型人才。五是管理手段不同,行政管理的手段较单一,通常采用行政手段、经济手段和法律手段,而公共事业管理的手段更加多样化,更加强调管理的科学性、技术性和服务性。六是理论基础不同,行政管理建立在政治与行政二分法及严格的韦伯官僚制的基础上,重视层级节制及上下级之间的领导关系,而公共事业管理建立在公共物品的理论基础上,重视公共物品的供给效率及多元化的供给方法。

公共事业管理与工商管理专业既有区别又有联系。公共事业管理的研究对象是国家、政府与社会公共组织的公共事务及其管理过程,而工商管理的研究对象是工商企业及其经营过程。两者的具体差异在于:一是管理目的不同,公共事业管理的目的是谋求社会公共利益,其目标是实现"效率"与"公平"的统一;工商管理的目的是谋求组织利润,其最终目标是实现利润最大化;二是管理性质不同,传统的公共事业管理具有垄断性,工商管理则具有竞争性,工商管理更关注提高效率,集中解决资源的有效配置;三是管理手段不同,传统公共事业管理以行政手段和法律手段为主,辅之以经济手段;工商管理以经济手段为主,辅之以法律手段和行政手段。我们既要把握两者的联结点,又要着力找出两者的差异处,以求对公共事业管理有全面的认识。

第二节 公共事业管理专业的产生与国内外发展

一、公共事业管理专业的创立

国外没有公共事业管理这一专业名称,但却是公共管理学科和公共管理类专业的兴起地。公共管理作为一种专业教育,最早产生于18世纪的德国,但是,作为一种专业学位的公共管理教育被明确提出来并付诸实施,则是在美国。1887年伍德罗·威尔逊发表了《行政学之研究》论文,被认为是美国公共管理教育开始的标志。然而,直到1911年,纽约市政研究局创办公共服务培训学校,美国公共管理教育才正式启动。1924年,公共服务培训学校迁到了雪城大学,并与新成立的马克斯维尔公民与公共事务学院合并,同时启动了美国第一个MPA计划,面向公共管理领域创办了综合性的教育与培训课程。可以这么说,公共管理源于公共行政学,发端于19世纪末至20世纪初,形成于20世纪20年代,并持续到20世纪60年代,现在已经发展成为一个成熟的专业,并且随着社会分工的逐步细化,在西方发达国家已呈细化的趋势。

二、专业的国外发展情况

1. 战后发展情况

二战后,尤其是20世纪70年代以来,随着社会、经济的不断进步和科学技术的迅速发展,各种社会问题日益增多,情况愈加复杂,社会公共事务的管理面临着前所未有的挑战,对公共管理工作的科学化、专业化要求日益增加。20世纪60年代以后在欧美发达国家兴起了一个重要的学科领域,即与传统的公共行政学相区别的公共管理学。在20世纪70年代开始的西方政府改革浪潮的推动下,一门以研究政府和其他公共部门的管理问题为核心,综合运用当代经济学、管理学、政策分析学、政治学、社会学等学科的相关知识和研究方法的新兴学科——新公共管理学便诞生了。

2. 发展现状

在西方国家高校的学科专业设置中，并无"公共事业管理"这一专业名称，他们对该类人才的培养一般是通过公共管理类专业或其他相关专业来实现的。公共管理类专业在西方国家应用范围比较广泛，受到了社会的高度重视，发展前景广阔。公共管理专业已为很多国家培养了大量高层次应用型公共管理人才。在美国，公共管理教育的培养目标通常是培养从事公共事务管理、公共政策研究与分析等方面工作的高级应用型人才，为政府机关和非营利组织培养具有现代公共管理理论和公共政策素养，掌握先进分析方法及技术，精通某一具体政策领域的专业化管理者、领导者和政策分析人才以及中高级职员。这种培养目标决定了在培养过程中注重实际能力与素质的培养，教学内容面向社会，尤其是公共领域中所面临的实际问题。

国外相关专业主要是公共管理相关专业学士学位教育和公共管理专业硕士学位教育（Master of Public Administration，简称为 MPA）。第一，公共管理相关专业学士学位教育。公共管理学者波兹曼（Bang Bozeman）认为，由于公共管理研究大致可分为两种途径。其一是公共政策途径（public policy approach，简称 P 途径），其基本观点是：公共管理必须与公共政策的形成与制定密切联系，需要从管理的观点探讨公共政策才能落实政策目标，实现理想的管理境界。其二是企业管理途径（business approach，简称 B 途径），注重强调组织管理的普遍规律，提倡将企业管理的方式方法运用于公共管理。国外与公共事业相关的专业的发展也体现出这两种路径。一般情况下，是在大学的政府管理学院、公共管理学院或管理学院开设相关的课程或建立相应的研究机构。例如，美国约翰斯·霍普金斯大学设立了非营利组织比较研究中心。

在课程设置上，与公共事业相关的专业的课程设置通常有几种情况。第一种是在公共管理学院（公共事务学院）下设的学位教育。这些都有自己独立的办学经费、教师、设备及管理权，课程设置一般涵盖社会科学的多个学科，例如，公共管理、政治学、经济学、社会学等。这种类型的课程设置比较容易形成学科的交叉和跨学科支撑的公共管理专业的教学模式。例如，印第安纳大学伯明顿分校公共与环境事务学院（School of Public and Environmental Affairs，Indiana University Bloomington）的非营利组织管理

(nonprofit management)项目。该项目开设的核心课程有:公共组织和管理、管理专题研究、公民社会与公共政策、非营利组织的财务管理、非营利组织资金募集、公共项目评估、公共和非营利组织战略管理、非营利和志愿部门专题介绍、公民社会的比较观点等,注重政府管理和非营利组织管理的整合。第二种是在商学院或经济学院内设立相关课程。属于此种情况的院校往往依托本身较强的商业和经济方面的师资、学科知识与办学经验,侧重培养相关的经济方面的人才。例如,加利福尼亚大学伯克利分校哈斯商学院(Haas School of Business, University of California-Berkeley),在商学院内开设公共和非营利组织管理项目课程。该项目已经形成较为成熟的培养方式,其特色是强调公私部门的沟通和整合,设立的核心课程主要有非营利组织的战略管理、公共和非营利组织营销推广、公共部门财务管理、公私跨部门整合、跨文化管理等。此外,每月还邀请非营利组织和公共管理领域的著名人士做演讲和开展探讨活动,在教学上注重在学生中开展非营利组织和公共管理案例教学、小组讨论、实习锻炼和个人职业发展规划等。耶鲁大学、斯坦福大学、宾夕法尼亚大学的商学院或经济学院内也设有相关课程。第三种是在政治学类的学院下设立相关的学位教育。例如,美国的佐治亚大学、堪萨斯大学,英国伯明翰大学的政治与国际关系学院,加拿大部分高等院校中设有相关学位教育,提供相应的课程设置。主要依托政治类课程的特点,相对注重从政治学角度和路径开展学术型研究人才的培养和相应的教学建设。

第二,公共管理专业硕士学位教育(简称 MPA)。MPA 学位是建立在公共管理及政府研究领域或学科基础上的硕士研究生教育项目,主要为公共组织尤其是政府机构培养公共服务的高级人才。从美国的雪城大学 1924 年启动第一个 MPA 教育计划以后,哈佛大学肯尼迪政府学院、普林斯顿大学伍德罗·威尔逊公共和国际事务学院也先后启动 MPA 教育计划。在培养目标上,以欧美国家为例,MPA 专业学位研究生教育属于通才教育(generalist education),目标是培养在公共组织特别是政府机构从事公共事务管理或公共服务的管理者、领导者和政策分析人才以及高级职员。例如,普林斯顿大学伍德罗·威尔逊公共和国际事务学院 MPA 项目的目标是培养能运用各种知识和方法处理复杂公共问题的高级人才。雪城大学(Syracuse University)马克斯维尔公民与公共事务学院 MPA 项目的目标主要是培养各级政府机构和相关的非营利组织中的公共服务就职者。在课程设置上,各国大学 MPA 的课程都有一些基本相同或相似的课程。美国 MPA 教育的课程一般分为三个部分:核心课程、必修课程和选修课程。核心课程的主要构成是:以讲授现阶段比较突出的政策问题为主的公共政策相关课程,以讲授管理学的基本原理、管理的职能、公共财政预算和领导艺术等问题为主的管理学方面的课程,以讲授政策分析的技术方法、政策分析的工具以及成本效益的计算等内容相关的政策分析方面的课程。必修课程由各个学校根据美国行政学院联合会提供的参考课程自行设置。在学制、培养方式与学位要求上,MPA 及 MPP(Master of Public Policy)是一种应用型而非学术型的研究生学位。MPA 及 MPP 的类型有全日制(full-time)、在职(mid-career)或业余(part-time)以及公共管理与其他专业如法律、商业管理的联合学位。全日制的 MPA 及 MPP 项目学制一般为一年半至二年。例如,哈佛大学肯尼迪政府学院的 MPP、哥伦比亚大学 MPA、密歇根大学公共政策研究所的 MPP,学制都为两年;雪城大学马克斯维尔学院 MPA 的学制为一年至一年半。不过,在职培训类型的 MPA 项目学制往往在一年以内。MPA 项目的培养方式一般是校内课程学习与校外调研、实习相结合。

3. 特点

首先,公共管理学学科和专业发展注重培养专业化管理人才。著名学者伍德罗·威尔逊提出,公共管理的学习与研究的目的首先就是要帮助揭示什么事情是政府可以做并且做得好的,然后是寻找能够将这些政府该做的事以最高的效率和最少的经费和精力来做好的方法。美国大学开展公共管理教育的目的非常明确:为公民社会的管理培养专职的优秀管理和研究人才,以便他们能够智慧地与公众打交道和在现代公共组织中有效工作。其次,推崇公共精神和社会责任。公共管理人才要为公众服务,捍卫和提倡公共利益,需要具备公共服务的精神,承担起一定的社会责任。最后,强调公共服务的实践性。公共管理学科能迅速发展起来的原因就在于它与管理实践紧密结合。公共管理学科是注重社会实践的一门现代学科。美国许多高校公共管理院系都鼓励教师和学生通过做项目参与社会实践,聘请在管理岗上的市政经理和部门领导开课。一些院校甚至还聘请丰富管理实践经验的实践教授(professor of practice)授课。

三、专业的国内发展情况

1. 我国公共事业管理专业的兴起

公共事业管理专业教育在国外已相当普及，也有很长的发展历史，它对培养社会中高级管理人员起了很大的作用，但在我国，这却是个新兴学科。在新中国成立后，公共事业管理专业被人们称为一门"被遗忘的学科"而长期被排斥在教育学科之外。这是由当时的具体背景条件决定的：当时我国百废待兴，各项事业的建设刚刚展开，经济、文化、教育等事业由于经过长期战乱而远远落后，由于科技水平落后，专业人才的匮乏，加上受苏联的影响较大，因此认识不到公共事业管理人才的重要性。我国并没有专门设置管理学大门类，更没有独立的公共管理学科，各种具体的公共管理学科都下辖于其他学科门类（如政治学、教育学、医学和经济学等）。

改革开放后，随着经济建设的顺利进行，人们生活水平也得到提高，经济交往日益频繁，人们对文教、卫生、体育、环保、社会保险等公共事业机构建立和完善的呼声日涨，各项公共事业机构随之建立起来。而此时国外公共事业机构管理经验、管理方法也传入我国，这就迫切需要专业人才来加以掌握，以便更加科学、有效地管理公共事业机构，使这些机构处于良好的运作状态，于是我国的公共事业管理专业应运而生，并加以细化分类。公共事业管理专业每年向全国各地招收大量的学生，并向社会源源不断地输送具备现代管理理论、技术与方法等方面的知识并且有运用这些知识的能力，在文教、卫生、环保、社会保险等公共事业单位行政管理部门从事管理工作的高级专门人才。

20世纪80年代开始，为适应公共管理改革与发展和培养人才的需要，我国公共行政和公共管理研究和教育开始了恢复与重建。经过20多年的发展，特别是公共管理以及学科的设置和我国公共管理硕士（MPA）专业学位研究生教育的启动，以及高校公共管理本科专业的大量开设，公共管理已成为社会科学和管理科学领域教学与研究的一个充满生机、活力的学科。

2. 公共事业管理专业的发展

根据社会改革现实，并借鉴西方国家对公共事务管理的先进经验，我国

1997年对学科目录进行了调整,公共管理学正式成为管理学门类下的一级学科,包含行政管理、社会医学与卫生事业管理、教育经济与管理、社会保障、土地资源管理等五个二级学科。为适应政府对于新型公共事业管理体制改革的需要和社会需求,实现政府的社会管理体制从"大政府,小社会"向"小政府,大社会"的转变,1998年教育部在新的普通高等学校专业目录中正式设立了公共事业管理本科专业。教育部在1999年5月正式批准开展MPA学位教育。1998年开始设立行政管理博士点,1999年试办MPA,标志着中国公共管理学科建设和人才培养进入前所未有的转型发展阶段。2003年学科专业期刊《公共管理学报》创建,众多公共管理学院和研究机构相继成立,学者队伍不断壮大,研究视野不断拓展,研究主题日益多元,理论实践联系日趋紧密。2020年4月16日,国务院学位办发布《关于推动部分学位授予单位加强应急管理学科建设的通知》(学位办〔2020〕4号),决定推进部分学位授予单位自主设置应急管理二级学科,开展相关学科增设应急管理二级学科以后,公共管理内含6个二级学科,分别为行政管理、社会医学与卫生事业管理、教育经济与管理、社会保障、土地资源管理、应急管理,进一步丰富了公共管理学科的内涵。这些都为公共事业管理专业的起飞做出了政策上的宏观指引。

从公共事业管理专业发展的学科基础来看,公共事业管理专业其学科背景主要是公共管理学,其专业基础是高校已经开设了的行政管理、教育管理、文化艺术管理、卫生事业管理、体育管理等专业。这些学科和专业在我国的高等教育中已经发展得相对完善和成熟,这为在此基础上发展起来的公共事业管理专业奠定了扎实的学科基础。因此该专业比起之前相对成熟的公共管理学等专业虽处于初创阶段,但由于它适应了现实的需要、具有突出的应用性而得到了迅速发展。自1999年秋季,东北大学、云南大学两所高校在全国率先招生以来,许多高校都陆续开始招收公共事业管理专业本、专科生,在发展速度和发展规模上很快得到提升。到2000年,全国招收该专业本科生的学校已有57所。2001年4月,教育部公共管理类学科教学指导委员会成立,并于2001年12月在广州召开了第一届会议,对学科发展方向和课程设置做了充分讨论。公共管理类本科专业在课程设置上基本有4个方向:行政管理、公共事业管理、劳动与社会保障、土地资源管理。公共事业管理专业作为我国新兴的、紧缺而急需的专业,地位更加得到肯定。

教育部对公共事业管理专业人才培养目标定位也日益明确,即公共事业管理专业应培养"厚基础、宽口径"人才,也就是要培养具备现代公共事业管理理论、技术与方法等方面的知识,并有运用这些知识的能力,能在文化、教育、体育、卫生、环保、社会保障等各个公共事业单位从事管理工作的复合型、应用型人才。具体而言,本专业学生应掌握现代管理科学方面的基本理论和基本知识,受到一般管理方法、管理人员基本素质和基本能力的培养和训练,具备现代管理理论、技术与方法,能从事公共事业单位的管理工作,具有规划、协调、组织和决策方面的基本能力,以适应我国事业机构改革的要求,适应21世纪公共事业发展的需要。

政策上的指引、强劲的社会需求加上之前就具备的高校学科和专业基础背景,公共事业管理专业迎来了大发展时期。2001年达132所高校开设该专业,2002年达180多所,2003年达220多所,2005年达300多所,2007年已有322所。截至2019年底已有超过400所院校开设公共事业管理专业。爆发式增长反映了社会对公共事业管理专业的强劲需求。开设该专业的院校涉及师范类、医药卫生类、农林类、艺术类、财政类、综合类等各类院校。

从我国高校公共事业管理专业建立的路径来看,无外乎两种:第一,全新建立,主要是依据原有相关的专业和师资力量建立,如依据行政管理专业等,从学校类型来看主要是综合类大学。第二,在原来的基础上改建,主要由原来的教育管理、卫生管理、艺术管理等专业更名而成,从学校类型来看,则主要是师范院校、财经院校、医学院校等专业高校。

3. 公共事业管理专业的发展趋势

近几年来,我国市场经济体制逐步完善,经济与政治体制改革正加紧进行,各行业都要求具备专门知识、受过良好专业训练并适应社会进步和时代发展的专业人才来进行管理,国内外竞争更加激烈,这就要求我们的专门管理人才要具备国际社会同类人才的知识水平,以便在各种竞争中立于不败之地。因此要求在教育层次上首先与世界同步,这对于我国仍是新兴学科的公共事业管理专业来说是个巨大的挑战。

但是挑战也意味着机遇。尽管从目前来看,由于社会环境的制约,我国公共事业管理专业的发展相对滞后而且不规范,但是巨大的社会需求为公共事业管理专业的发展注入了巨大的社会动力。随着社会主义市场经济体系的日臻完善、政府职能的变化和角色的转换,过去完全由政府统管的教育、科技、文化、卫生、基础设施、社会保障、资源与环境保护等涉及全社会公共利益的事务需要从市场经济的角度重新认识和定位;随着政企、政事、政社(会)的分开,以及社会中介组织的大量涌现,公共事业管理部门成为一个新兴的有较大发展空间的部门,从而拓宽了公共事业管理专业的服务领域。

此外,该专业的发展和所培养的专业人才的大量增加,反过来又会进一步推动政府管理体制改革和社会的转型,促进我国公共事业管理制度的变革与创新,形成一个有利于高校公共事业管理专业发展的良性循环。因此,我们可以乐观地说,我国高校公共事业管理专业的发展将会呈现出一派欣欣向荣的景象。

第三节　公共事业管理专业的现状与特色

一、公共事业管理专业的现状

随着国家治理能力与治理体系现代化目标的提出,国家治理和社会治理将需要更多的公共事业管理专业人才。培养专业人才是高等教育主动适应宏观公共管理变革的战略选择。我国公共事业管理专业在快速发展的过程中取得了不少成就。公共事业管理专业的发展与公共管理学科整体发展的趋势、任务和要求息息相关。新一轮全球科技革命、产业革命与治理变革方兴未艾,公共管理的实践变化对我国公共管理学的转型与重构提出了新要求、新任务。具体到公共事业管理专业而言,如何进一步加强公共事业管理专业建设,培养适应国家治理体系现代化的高级管理人才成为当下公共事业管理专业面临的紧迫任务。随着公共事业管理专业的快速发展,人才培养模式的发展变化也十分迅速,并呈现出梯度发展和多元变迁的总体特征。不可否认的是,公共事业管理专业建设也面临一些突出问题,因此要有针对性地加强专业建设,从而改进公共事业管理专业的人才培养质量,促进公共事业管理专业高质量发展。

1. 我国公共事业管理专业发展取得的主要成就

(1) 公共事业管理本土化:公共管理专业是一门独立的学科,最早从西方引进我国,由于政治、经济、社会体制并不相同,公共管理相关专业在引入我国后并不适应我国的国情。改革开放以来,我国政治经济也在不断发展和变化,公共事业在整个社会管理中的重要性日益凸显,公共管理学越来越受到重视,同时我国很多学者也逐渐认识到国外的公共管理相关专业建设经验等并不符合我国的基本国情,如何建立符合中国特色的公共管理学科及其相关专业逐渐成为关注重点。公共事业管理专业自1998年开始在我国高校正式招生后,也一直在立足我国国情的前提下不断发展完善。整体上,公共管理学科已经形成了相对完善的大专、本科、硕士、博士等各个层次的学历教育以及公共管理硕士(MPA)专业学位教育。

(2) 专业团队的建立和发展:我国进入20世纪90年代以后,公共事业管理专业团体逐渐兴起和发展,从管理学会到研究会,从行政管理学会到相关的研究机构,全国不少省市都不断地建立了大量的研究中心。不少高校也成立了相关的研究所,例如,公共管理教育研究所、区域与城市经济研究所、公共政策与公共安全研究所、社会保障研究所、公共组织与人力资源研究所、公共财政研究所等,对公共事业管理的各个方面均开展了细致的研究工作。公共事业管理研究团体的发展壮大,为我国的公共事业管理专业的进步做出了巨大的贡献。

(3) 公共事业的服务转向:随着我国政治社会的不断发展改变,政治职能也在逐渐转化,国家的管理人员的角色逐渐向服务者转变,在转变的过程中就需要公共事业管理专业提供坚实的理论基础。政府的具体管理行为以及管理人员的转变过程逐渐也成为公共事业管理专业的实践研究重点,使得公共事业管理专业的理论与实践相辅相成,共同致力于公共事业管理专业的发展和进步,应从原本的管理向具有公共取向和责任的服务类专业转变。

(4) 国际学术交流的进步:随着经济全球化的发展,各国之间的政治经济联系越来越密切,文化交流也越来越丰富。公共事业管理专业领域的国际化交流活动日益增加,开展国际化的学术交流已经成为国内外公共事业管理领域交流的常态。各国公共事业管理专业发展经验的深入研究、探讨,不断改进、优化我国的公共事业管理专业,在很大程度上也推动了我国公共事业管理专业的快速进步和发展。

2. 新时代公共管理学科发展的新任务

公共事业管理专业的发展与公共管理学科整体发展的趋势、任务和要求息息相关。整体上看,新一轮全球科技革命、产业革命与治理变革方兴未艾,中国特色社会主义进入新时代,世界处于百年未有之大变局。随着当代信息通信技术以及人工智能的发展,人类社会进入信息社会的更高阶段,即"大数据时代""后信息社会""数据的社会""智能化时代"等。在人类社会迈向网络化、数据化、智能化和量子化的新历史时代之际,习近平总书记指出:"以信息技术为代表的新一轮科技和产业革命正在萌发,为经济社会发展注入了强劲动力""随着逆全球化和霸权主义、强权政治抬头,国际社会面临的新课题、新挑战也与日俱增。"李克强总理也指出:"新一轮产业革命正在兴起,全球化步伐在加快,新业态、新技术、新商业模式层出不穷","在经济全球化条件下产生的新一轮产业革命,……使全球产业链、创新链、价值链的连接更加紧密。"

进入21世纪,全球公共部门的管理实践发生了新变化并呈现出新趋势。公共部门尤其是政府治理变革持续深化的动因有两个方面。一方面,公共管理实践的客观环境正在发生深刻变化。全球化、信息化、数字化促进了技术飞速进步,经济社会空前发展,但是政府的财政危机、金融危机,官僚体制失效,国家(政府)与社会关系的复杂变化又是公共管理实践面临的难题。特别是新技术革命和新工业革命催生了"数字政府""智慧政府""智慧治理"的新一轮政府治理变革浪潮。另一方面,公众在公共服务提供和公共事务参与上对政府提出了更高的要求。回应公众更高的公共服务需求,提高国民生活水平,这是当代全球公共治理实践发展的基本趋势,也是各国政府追求的共同目标。

党的十八大以来,以习近平同志为核心的党中央全面推进党和国家机构改革、国家治理的现代化以及政府治理变革。中国特色社会主义已经进入新时代,党的十九大报告将新时代我国社会的主要矛盾表述为"人民日益增长的美好生活需要和不平衡不充分的发展之间的矛盾"。人民群众不仅对物质文化生活提出了更高要求,而且对民主、法治、公平、正义、安全、环境以及更多参与公共事务的要求也日益增长。面对新时代、新任务、新要求,党和国家机构设置和职能配置、国家治理体系和治理能力,与人民新的更高的要求,与统筹推进"五位一体"总体布局、协调推进"四个全面"战略布局的要求还不完全适应。完善为民谋利、为民办事、为民解忧、保障人民权益、接受人民监督的体制机制,就必须推进国家治理现代化,需要深化党和国家机构改革,将之同简政放权、放管结合、优化服务结合起来。

作为典型的跨学科、交叉学科、综合性与应用性的研究领域,公共管理学学科理论及实践已进入了"后新公共管理""公共价值管理"时代,出现了诸如"(新)公共治理""新公共服务""合作治理""网络治理""数字化时代治理""整体化治理""府际治理"等新理论。公共部门管理的研究途径、理论范式与知识形态也正在发生转变。公共管理学科必须顺应迅速变化的中国与全球公共治理实践,立足国情,着眼现实,把握趋势,直面中国与全球公共治理的新场景、新问题,深化拓展公共管理的学科内涵与主题,筑牢公共管理的科学基础,彰显公共管理学的中国特色。

3. 新时代公共事业管理专业高质量发展的方向

（1）实现我国公共事业管理的本土化：在公共事业管理专业的发展建设中,仍然需要进一步重视社会科学方法论的研究应用,需要丰富公共事业管理的研究方法,寻找更多样化的研究方式,将理论和实践进一步结合,找到最科学合理的研究方法。在转变和提升研究方法的同时,要能利用我国自身的特色和中国社会的发展经验,结合中国的特色文化,将公共事业管理专业真正本土化。我国的历史文化源远流长、博大精深,在经济、政治上都可以进行借鉴和利用。例如我国的"为政以德""以民为本"等政治思想对我国的政治经济发展有很大的作用,也能够给公共管理专业的发展提供很大的帮助。要进一步重视公共管理的实践,能回应社会需求,提升社会服务的能力,更加注重社会责任培育,不断创新和丰富公共管理事业专业的内容。

（2）提升我国公共管理事业的国际化水平：随着我国经济政治不断发展壮大,需要提升自己的国际话语权,也需要及时吸取国际经验和教训,更好地促进我国的发展建设。在中国的公共事业管理专业本土化的同时,需要结合国情,结合自身的特点,一步步走上国际舞台,展现我国公共管理事业发展的成就和经验。公共事业管理专业要为促进我国改革和发展做出更大的贡献,就需要不断完善专业建设体系、扩充理论知识和丰富社会实践,为国家培养优质的管理人才,提升国际化水平。

(3) 促成师资队伍建设和人才培养共同发展:公共事业管理专业是一个新兴发展的专业,师资队伍组建难度较大,要求教师需具备广博的知识储备,也需要有一定的公共管理实践经验。从整体上来看,目前具备公共部门服务经验的教师比较少。公共事业管理专业能够长期稳定发展需要建设高质量的教师团队,优秀的教师团队能够为公共事业管理专业的人才培养打下坚实的基础。因此应提供一定的条件和平台,促成师资队伍建设和人才培养共同发展。这就需要加大对教师队伍建设的资金投入,完善相应的制度建设,特别是激励表彰制度,加强教师教研能力,提升教师的教学质量,建设专业化和综合性的高级教师团队。加大对创新型公共事业管理人才培养体系的建设,优化公共管理事业人才管理体系,为公共事业管理专业人才培育和发展提供优质环境,为我国公共事业管理人才可持续发展提供良好的环境。

二、公共事业管理专业的特色

公共事业管理不同于其他专业性强的学科,其外延十分宽广。也正因如此,结合地方教育状况打造地方独有的教育面貌,突出公共事业管理专业的特色,提升专业发展的核心竞争力,已经成为势在必行的发展方向。

1. 凸显专业特色,提升专业属性

我国不少高校正结合自身的优势发展特色学科专业,根据自身发展的侧重点来选择公共事业管理专业的发展优势。比如,医学院开设公共事业管理专业将侧重点放在卫生事业管理;教育学院开设公共事业管理专业将侧重点放在教育事业管理;资源与环境学院开设公共事业管理专业更加侧重环境保护事业管理;农科高校、工学院校有崇学事农、注重工科实验的氛围,所开设的公共事业管理专业就有偏重农科、工科的特色;部分在经济学院、人文学院以及管理学院开设公共事业管理专业的高校,也注重与较为接近的行政管理专业区分以及各自专业特色优势的凝练。总之,具有不同教学资源、就业优势的高校开设公共事业管理专业都在寻求将专业与学校的办学特色相结合的专业发展模式，明确专业发展意义与就业方向。此外，不少院校非常强调公共事业管理专业的学科属性，通过科学合理、体现时代需求的公共管理类课程来体现本专业的优势与特色，多样化与专一性相结合，既有经济学、管理学等通识类专业课，又强化公共管理学、公共政策分析等体现专业属性的核心专业课。

2. 强化公共管理特性，精准定位人才培养目标

公共事业管理专业需要突出公共事业与管理两大关键，强化人才培养目标的现实性与实践性，提升人才培养目标的质量意识、公共服务意识、社会责任意识。公共事业管理人才的培养目标定位于在公共部门从事管理的高级人才。公共部门的主体多样，因此，许多院校都在专业人才培养目标明晰化上做了很多努力，结合学校固有特色开设公共事业管理专业，充分展示该专业的培养特点与特性，找准该专业的培养定位，优化专业的学科建设与人才培养模式。由于公共管理专业的特性，不少院校都注重人才培养中的社会责任培育，强化公共管理的特性，提升公共事业管理人才的国际化程度，既考虑为政府相关部门培养人才的针对性，也兼顾为企业或其他非营利机构培养人才的广泛性。

3. 加强师资队伍建设，提升专业教学水平

教师的教学水平与综合素质直接影响到专业培养人才的质量。围绕公共事业管理专业师资力量短缺、教学方法需要随着时代和技术的进步不断创新等问题，不少高校院所正在采取突破性和改进性的专业发展举措。不少院校结合专业的实际情况以及办学特色和方向，优化教师学历结构、知识结构、职称结构，加强优秀教师的培养。针对公共事业管理专业具有的综合性、跨学科性的特点，不少院校师资队伍结构组成中不局限于公共事业管理专业，也有社会保障、政治学、历史学、社会学等专业的优秀师资力量，形成跨学科性的师资队伍。不少院校非常注重专业学习与社会服务实践接轨，注重将与社会公共部门的共享资源纳入教学过程中，支持社区工作者、政府部门公务员来学校对学生进行经验传授和实践指导，支持院校教师和学生进入公共服务部门挂职锻炼和进行社会实践。加强国际交流水平，选派优秀的教师到国外进修或培训，举办国际会议，加强国际学术联系，提升专业办学的国际化水平已经成为不少院校制度化安排的内容。

4. 重视实践能力培养，增强就业能力

公共事业管理专业的应用性比较强，因此对学生实践能力的强化培育是专业特色的一个重要构成方面。公共事业管理专业的教育观念正在不断转变，培养知识型＋应用型综合性人才，提升学生就业竞争力成为人才培养的一项共识。在课程设置上，不少院校都强化理论与实践相结合，积极开设实践课程，把实践课程和理论结合起来，实现理论指导实践。随着近几年我国对创新创业的重视，结合"双创"提升专业技能更是成为一项重要的实践能力培育内容。在资源投入上，绝大多数院校都高度重视增加实践教学的人力、资金、设备投入，以良好的保障条件支持提升实践教学的质量，增加学生对实践课程的兴趣。院校正在积极寻求能充分发挥学校、社会、政府形成的联合力量，实现校政、校企、校-社会组织、高校联盟等多方合作模式，开拓公共事业管理专业的实践教学基地，促成多元化的社会实践活动的开展。

思考题

1. 公共事业管理的主客体有哪些？
2. 请谈谈对公共事业管理专业的认识。
3. 你了解所在院校公共事业管理专业的特色吗？请谈一下自己的看法。

拓展阅读

医学院校公共事业管理专业特色化发展之路

寻求公共事业管理专业的特色化发展，已经成为高校形成自身专业优势，推动专业高质量建设和发展的趋势。不少高校在专业建设过程中，逐渐摸索出各具特色的发展之路。以医学院校的公共事业管理专业为例，为了适应医药卫生管理领域的人才需求，同时应对行政管理专业、企业管理专业、经济管理专业等的竞争，医学类院校积极发挥自身医药卫生学科的行业优势，在公共事业管理专业的人才培养中，除了注重现代管理学、经济学、法学等方面知识及其运用能力的培养外，也非常注重医药学方面知识及运用能力的培养，着重培养能在公共事业单位，尤其是医药卫生领域的企事业单位(医院、卫生行政部门、社区卫生服务中心)从事管理工作的应用型、复合型的专门人才。

例如,南京中医药大学的公共事业管理专业逐渐形成了特色化发展模式。该校的公共事业管理专业是国内较早以培养卫生管理专业人才为目标的专业,专业特色鲜明。

(1) 办学理念先进,办学思路清晰。在人才培养方面树立了培养复合型、实用性、具有创新精神的高素质人才的理念,培养在医药卫生领域从事管理工作的复合型、实用性、具有创新精神的高素质人才。经过科学论证和修订,制定了既符合社会发展又具有鲜明特色的人才培养方案。

(2) 开展合作人才培养模式。该专业设有公共事业管理专业(卫生管理与沟通)中外合作办学项目。在专业人才培养过程中,构建校政、校院、校企三维互动的合作平台。合作模式培养目标明确,培养路径清晰,培养效果有评价。

(3) 教学活动不断创新,适应人才培养需要。更新教学理念,课程体系设计有独创性。各专业方向分别设立几大课程模块,如医药类课程模块、经管基础类课程模块、公共管理课程模块以及各专业方向课程模块。各专业方向设置选修课程组,通过不同的课程组体现不同的研究方向。教学方法倡导问题导向式、互动式教学。强化实践环节,提高学生应用能力和综合素质。

(4) 教学管理模式有创新。教学文件准备、课堂教学、教学质量控制等每个教学环节都有相关规章制度,建立了相对独立的由专业负责人、教研室骨干教师和学生代表组成的专业教学质量督导队伍。医药行业领域的相关专家学者等参与该专业的培养方向、课程设置、教学内容和实训项目开发等。

(5) 学科专业建设有鲜明的医药卫生特色。该专业的人才培养有鲜明的医药卫生特色,依托医学院校的背景,形成"卫生事业管理"和"卫生管理与沟通"两个专业方向。在保持传统优势科研的同时确立重点研究方向,形成自身科研特色和优势。

(资料来源:根据南京中医药大学公共事业管理专业办学特色经验总结而成)

第二章 公共事业管理专业人才培养目标和要求

内容提要

本章从公共事业管理人才的市场需求分析,提炼出公共事业管理专业的总体培养目标和专业培养目标,根据培养目标提出公共事业管理专业的人才素质要求,在此基础上梳理了我国公共事业管理专业人才培养总体态势以及公共管理专业人才应具备的特征,并总结了公共事业管理专业人才的培养模式与实现途径。

第一节　公共事业管理专业的人才培养目标

一、公共事业管理人才的需求分析

近年来,随着中国社会经济的飞速发展以及人民生活水平的提高,民众对生活质量的要求也越来越高。再加上城市化进程的加快,导致了社会问题与公共需求长期存在和不断增长。公共事业机构由于直接涉及人们的日常生活和经济活动而受到高度重视。社会要求公共事业管理人员具有专门的知识,受过专门的训练。我国正处于经济飞速发展的时期,许多公共事业工程的建设产生了大量对于优秀公共事业管理人才的市场缺口。因此,伴随着经济体制改革、政府管理体制改革、事业管理体制改革以及社会对公共服务的需求日益扩大,各行业都要求具备专门知识、受过良好专业训练并适应社会进步和时代发展的专业人才来进行管理。公共事业管理这门学科在高校教育中也受到了越来越广泛的关注。随着社会经历不同的发展阶段,公共事业管理的具体内容也会发生变化,在不同的政治体制和社会文化背景下,公共事业管理具有不同的管理模式和管理范畴。

人们对文教、卫生、体育、环保、社会保险等公共事业机构的建立和完善呼声日涨,各类公共事业机构随之建立起来,而此时国外公共事业机构管理经验、管理方法也传入我国,这就迫切需要专业人才对其加以掌握,以便更加科学、有效地管理公共事业机构,使这些机构处于良好的运作状态之中。同时,国内外竞争更加激烈,这就要求专门管理人才要具备国际社会同类人才的知识水平,以便在各种竞争中立于不败之地。因此,要求在教育层次上首先与世界同步。我国的公共事业管理专业应运而生,并加以细化分类。

我国的公共事业管理学科起步较晚,不论是在公共事业的管理机制还是它的发展和运用方面都存在着很多不足。前期在改革开放引入了公共事业管理学科以后,由于政治和经济制度的不同,出现了很多不适应的现象,因此我国开始重建公共事业管理专业,加大公共事业管理专业的涉及范围,结合我国的基本国情,创建属于我国的独特的公共事业管理学科,有计划地进行人才培养训练,为国家输送优质的公共事业管理人才。作为新兴学科的公共事业管理专业仍然面临着巨大挑战,公共事业所面临的外部环境不断变化。为了真正实现人才培养模式与社会发展需求之间的紧密对接,我国许多高校在建设公共事业管理专业的过程之中不断改革创新,主动将理论分析和实践研究相结合,不断对该专业的人才培养策略和教学模式进行调整。总的来说,公共事业管理专业具有较强的生命力,而社会的需求必然给它以强大的动力,促进其进一步走向成熟和完善,并为我国现代化建设事业提供杰出的高级管理人才。

1. 公共事业管理专业是社会管理机制改革与发展的需要

在计划经济管理体制下,非经济、政治的社会公共事务由事业单位来承担,并以政府事业体制进行管理。改革开放以来,随着社会主义市场经济体制的逐步建立和完善,要求按照政事分开的原则对政府管理体制和事业单位管理体制进行改革,需要把政府有关职能归还给社会,建立新型的公共事业管理体制,实现政府的社会管理体制从"大政府、小社会"向"小政府、大社会"的转变,形成行政、工商和公共事业三位一体的社会运行模式。

2. 公共事业管理专业是公共事业兴起和发展的需要

改革开放使我国社会、经济发生了深刻的变化,很多过去由政府包下来的公共事业管理职能逐步向非政府公共事业管理或服务部门转移。因此,为保证改革的整体推进,推动公共事业的健康发展,就需要加强对公共事业组织运行机制、管理机制、管理方法和发展政策的研究。同时,随着公共事业领域的扩大和职能的丰富,对相关管理人员的素质和数量也提出了更高的要求,现有的相关领域的管理人员在知识结构、素质和能力方面已远远不能满足公共事业发展对人才的需求。

3. 公共事业管理专业是国家管理人员向服务者角色转变的需要

中国政治社会在不断地发展改变,政治职能也在逐渐转化,国家的管理人员的角色也逐渐向服务者转变,在转变的过程中就需要公共管理专业提供坚实的理论基础,政府的具体管理行为以及管理人员的转变过程也逐渐成为公共管理专业的实践研究重点,使得公共管理专业的理论与实践相辅相成,共同致力于公共管理专业的发展和进步,从原本的管理向具有公共取向和责任的服务类专业转变。

4. 公共事业管理专业是人才需求多样化的需要

我国公共事业分散在具体的领域,如市政、城市供水、环境保护、中介服务、社区管理、社会保障以及科技、教育、文化、卫生、体育等面对社会公众的服务部门,尽管不同的领域有其特殊性,但其共性是前提,即实现目标、运转机制、管理模式和方法是一致的。整个公共事业管理的诸多方法必须首先统一在公共事业管理的基本理论平台上,并以不同部门的特殊性去建设不同的专业方向,以满足人才需求多样化的需要。

所以,高校公共事业管理专业的设置,是改革开放和社会主义市场经济体制建立与完善的结果,其目的是为公共事业管理领域培养专门的管理人才。

二、总体培养目标

公共事业管理面对的问题涉及社会发展、公众利益、个人利益三个不同层次,涵盖广泛的领域,服务对象涉及各个领域、各个行业、各个部门及各类社会群体,其操作具有复杂性。公共管理专业涉及社会学、经济学、政治学、管理学等多个学科领域,具有很强的复合性。而复合性决定了公共管理专业以学科理论为基础,训练学生从业的综合素质和能力。但公共管理专业同时也是一门应用性极强的学科,这就对学生的实际管理能力和服务能力提出了要求,要求公共事业管理专业的学生必须具有广博的知识,同时具有一定的科研能力和实践能力。

公共事业管理本科教学的培养目标是培养能熟练掌握管理知识和能力的实用型高级管理人才。教育部对公共事业管理专业人才提出的具体目标是:具有现代管理理论、技术与方法等方面的知识以及应用这些知识的能力,能在文教、科技、体育、卫生、环保、社会保险等公共事业单位从事管理工作,具有规划、管理、组织和决策方面的基本能力。

通过四年的学习,公共事业管理专业的学生应具备的基本知识和能力包括:① 掌握管理学、经济学、社会科学等现代科学的基本理论和基本知识;

② 具有适应办公自动化、应用管理信息系统所必需的定量分析和运用计算机的技能;③ 具有进行质量管理、数据的分析和处理,进行统计分析的基本知识和能力;④ 熟悉我国相关的法律法规、方针政策以及制度;⑤ 具有较强的社会调查和写作能力;⑥ 掌握文献检索、资料查询的基本方法,具有初步的科学研究和实际工作能力;⑦ 具有较强的思维创新能力,自我学习能力和人际协调、沟通能力。

三、专业培养目标

公共事业管理专业旨在培养具有现代化管理理论、公共经济理论、技术与方法等方面的知识及其运用能力,现代社会需要的高素质专门人才。要求学生接受管理学、公共行政学的系统训练,成为兼具政治学、经济学、法学等方面知识,具备较高的管理、经营、策划、调研、交际等能力,具有运用公共事业管理基本理论和方法解决问题的能力,能够从事管理工作的高素质应用型人才。

公共事业管理是社会组织为了满足社会全体或部分成员的共同需要和协调发展,采取各种形式,对社会的公共事务进行生产调节和控制的过程。这方面工作涉及广泛的领域,各高校公共事业管理专业的定位较为广泛,培养目标也相应多样化。高校在培养公共事业管理专业人才时,应明确教育目标和专业培养目标,突出专业特色,提高专业培养目标与社会需求的契合度。高校在培养公共事业管理专业人才时,要明确各自学校公共事业管理的专业内涵。虽然目前社会对公共事业管理专业的具体内涵还存在争议,但高校应有自己的定位,明确要培养什么类型的人才,要注重与相应行业以及当地社会的实际相结合,形成自己的专业特色,开展特色办学,让学生认知自己的专业价值,对未来的职业发展进行规划。

第二节　公共事业管理专业的人才素质要求

随着社会的快速发展,公众对于公共事业管理的要求越来越高,公共事业部门对公共事业管理专业人才的素质和职业能力的要求也越来越严格。所以培养出什么样的公共事业管理人才,怎样才算是高水平的公共事业管理人才,如何培养出高素质的公共事业管理人才已经成为各大高校亟待解决的问题。在以专长为核心的能力观中,学者们认为,大学生的核心竞争力是大学生在学习知识、实践操作后,形成的以个人专长为核心的知识、能力、素质的综合体,是最突出、最独特、满足社会需要、最具竞争优势、能显示差异化的能力的统称。

公共事业管理专业的人才应具有以下特征:① 具有公共服务的意识。社会的发展,公众的整体利益的实现,协调个体利益与社会整体利益的关系,创造良好的社会环境是公共事业管理组织的宗旨。这要求从事公共事业工作的管理者要具有为公共事业服务的意识,将服务公众与社会作为公共事业管理工作的核心。② 具有社会化的管理责任。市场经济条件下,个体行为与公众整体利益之间存在着目标的一致性与实现方式的矛盾与冲突。在实现个人利益的过程中,主观上追求自身利益的最大化,客观上又需社会及公众利益从整体上为其提供保证、支持与协调。对有损于社会及公众利益整体的行为予以约束和限制,这就要求公共事业管理工作既要立足于整个社会以推动社会的进步与发展,又要从整体的角度保证个体的正当利益的实现。③ 具备综合的知识结构和全面的管理能力。公共事业管理专业具有明显的跨学科特征,涉及多门社会科学和自然科学学科,如经济学、教育学、法学、管理学、统计学等。而且公共事业管理面对的问题涉及社会发展、公众利益、个人利益三个不同的层次,涵盖的领域广泛,服务的对象涉及各个领域、各个行业、各个部门及各类公众,其操作具有复杂性。这就要求公共事业管理人才具有全面的综合素质,思维敏捷,善于观察事物的本质特征,能够把握大局,具有开拓创新能力和全面管理才能。

一、素质结构要求

(1) 具有坚定的政治方向,热爱社会主义祖国,拥护中国共产党的领导,具有较强的政治素质。

(2) 具有科学的世界观、正确的人生观和价值观,富有强烈的社会责任感,具有健康的身体素质、心理素质和健全的人格。

(3) 具有遵纪守法、爱岗敬业、团队协作、乐于奉献和勇于创新的职业素质。

二、知识结构要求

(1) 了解国内外社会经济发展大局,熟悉党和国家的大政方针,了解我国政府、社会组织、企业组织工作的实际情况、基本政策和法规。

(2) 具备广博的学科知识,了解公共事业管理学科的前沿信息和发展动态;接受全面、系统的专业训练和考核,学习和掌握现代化的管理知识和方法。

(3) 具有扎实的基础知识,掌握高等数学、计算机应用、英语等的基础理论知识。

(4) 具有扎实的公共事业管理专业基础知识,掌握管理学、公共管理学、公共经济学、公共事业管理学、公共政策学、公共组织财务管理、公共部门人力资源开发与管理、组织行为学的基本理论和应用。

三、能力结构要求

(1) 具有相应的外语水平、计算机应用技术;具有文献检索、资料查询的基本技能,有初步的科学研究和实际工作能力。

(2) 具有进行数据收集、处理和基本统计分析的能力。

(3) 具有较强的文字表达、信息处理、人际沟通等实际工作能力。

(4) 具有运用公共事业管理的基本分析和技术研究方法,解决实际管理问题的能力。

(5) 具备现代化的管理工作能力,包括:项目规划与管理能力,公共经济政策分析能力,以电子化、自动化手段处理管理事务的能力,社会调查、市场调查及对其数据进行定性、定量方法处理分析的能力,较强的策划、组织、执行能力,较强的文字和口头表达能力,计算机操作能力,熟练的外语能力等。

(6) 具有进一步自主获取知识的能力。

第三节　相近专业的人才培养目标及人才素质要求

一、工商管理

1. 人才培养目标

工商管理专业旨在培养学生适应社会主义市场经济需要,德智体全面发展,具备管理、经济、法律及企业管理方面的知识和能力,掌握良好的专业技能、外语基础,具有与人们进行沟通与协作的能力;培养学生具有较高人文素质和科学素质;培养学生良好的学习能力、应变能力、适应能力、创新能力和专业工作能力;培养学生成为在企事业单位及政府部门等从事生产管理、人力资源管理、市场分析以及教学、科研方面工作的工商管理专业高级专门人才。

2. 人才素质要求

(1) 掌握管理学、经济学的基本原理和现代企业管理的基本理论、基本知识,了解本学科的理论前沿和发展动态。

(2) 掌握企业管理的定性、定量分析方法,具备从事工商管理业务的基本能力。

(3) 具有较强的语言与文字表达、人际沟通以及分析和解决企业管理工作问题的基本能力。

(4) 熟悉我国企业管理的有关方针、政策和法规,以及国际企业管理的惯例与规则。

(5) 掌握文献检索、资料查询、收集的基本方法,具备较强的市场调研能力、获取管理及其他相关学科知识信息的能力和解决本领域实际工作问题的能力。

(6) 具有利用计算机网络获取企业信息及处理企业内相关业务的能力。

二、行政管理

1. 人才培养目标

行政管理专业以各级党政机关、社会组织和企事业单位的行政管理事务为研究对象,培养适应现代社会需要的高素质行政管理专门人才。要求学生接受行政管理的系统训练,兼具管理学、政治学、经济学、法学等方面知识,具备较强的管理、经营、策划、调研、交际等能力,毕业后适合到各级党政机关、社会组织、企事业单位从事行政管理、政策研究、管理规划、外事交流、宣传策划、机关管理、人事管理、高级文秘等工作。

2. 人才素质要求

(1) 了解国内外社会经济发展大局,熟悉党和国家的大政方针,了解我国行政管理工作的基本政策、法规和实际情况。注重培养正确的世界观、人生观和专业思想。

(2) 具备较广博的学科知识,了解本专业学科的前沿信息和发展动态;接受全面、系统的专业训练和考核,学习和掌握现代化的管理知识和方法;树立效率、创新、服务、竞争、民主、法治等现代行政理念。

(3) 具备现代化的行政管理工作能力,包括:能够以电子化、自动化手段处理行政事务的能力;社会调查研究能力;分析、解决实际政策问题能力;组织、策划和执行能力;文字和口头表达能力;计算机操作能力;熟练掌握一门外语,具有听、说、读、译的基本能力等。

(4) 具备从事党政机关、企事业单位行政管理的基本能力。掌握党政机关、企事业单位管理的一般方法和技能。

(5) 掌握文献检索、资料查询的基本方法,具有初步的科学研究能力,并应具有策划、组织、执行实际工作的能力。

第四节 公共事业管理专业人才培养目标及人才素质要求的实现途径

一、公共事业管理专业人才培养目标与要求

1. 我国公共事业管理专业培养总体态势

我国在20世纪20年代从西方引进了公共事业管理这门学科，其作为纯西方化的理论学科在我国出现了不适应，发展路程较为曲折。由于我国当时复杂的政治体制和管理模式，经济政策不够先进，对于公共管理专业这门学科也没有深入的研究，因此学科的覆盖范围较小，研究深度较浅。随着国家和政府开始重视公共事业管理学科的发展，教育机构不断发展，逐渐建立了属于自身的学术体系；尤其是改革开放以后，我国的公共事业管理专业开始不断地发展壮大，政府职能也逐渐由管理变成了服务，为我国的政治经济发展起到了很大的推动作用。由于公共事业管理专业的关注度越来越高，公共事业管理学科在各大高校纷纷建立、扩大，逐渐成了我国的热门专业。

改革开放后，我国的公共事业管理专业如春笋般在各高校应运而生，最早开设于东北大学和云南大学。据有关资料显示，全国开设公共事业管理专业的院校共计485所。虽然相比其他热门专业来说，这个数字并不算很多。但是由于该专业还属于新兴专业，从国外引进，发展到今天的局面，取得了很多教育事业上的可观成绩。

受传统各项因素的影响，公共管理专业人才培养现状难以满足社会发展的需求，缺乏专业特色，培养目标存在滞后性，缺乏合理的知识结构对公共管理人才的发展产生阻碍。相比管理类的其他专业，公共事业管理还属于新兴专业，发展并不算成熟。对于该专业的培养方向，国家明确规定，要培养全方位的应用型人才。但实际状况并不理想，很多高校只是单纯定一

些目标,借鉴其他专业的培养方案,粗略制定培养计划,专业特色不明显。这样的目标宽泛且模糊,实施效果并不能保证。导致学生在学习的过程中,不能清晰理解自己所学的专业,更没有明确的学习目标。通常在接受教育的阶段,不管是学生还是老师,都大致的认为公务员是公共事业管理专业的对口工作。所以,对于大多数公共事业管理专业的学生而言,毕业的选择不是考研,就是考公务员。相比之下,可供选择的面太窄,反映出公共事业管理专业的培养目标存在不合理的地方。高校对于公共事业管理专业的培养方案总是停留在对学生的基本要求规定,做出一些原则性的描述。这就暴露出公共事业管理专业的一大问题——培养目标不明确、宽泛且空洞。首先,没有对专业所适合从事的工作进行具体规定;其次,没有明确细分该专业所要求的知识技能;再次,没有强调到该专业应具有的综合能力;最后,对于能力培养没有一个清晰定位。总而言之,我国的公共事业管理专业还处于探索阶段。

随着新经济时代的到来,以及社会政治、文化的发展,有关高等教育的教育思想和教育观念正发生着深刻的变化。符合时代发展要求的现代教育思想和教育观念是面向21世纪,增强人才培养的质量意识,加强素质教育、创造性教育、个性化教育,培养学生的终身学习能力等。但是,由于我国公共事业管理专业开办时间并不长,在专业人才培养目标方面并未能完全、充分地体现出新时代的要求。由于各地高校具体情况差异较大,我国公共事业管理专业培养目标总体呈现如下态势:

(1)少数学校基本照搬相对成熟的综合性院校公共事业管理专业培养目标与要求:为了能够顺利通过教育部门的教学评估。少数学校基本照搬综合性院校公共事业管理专业培养目标与要求,未能体现出自身院校和行业的特色和优势,在市场竞争和办学过程中逐渐偏离方向,未能将自身已有和潜在的优质资源充分利用,逐渐丧失了核心竞争力。

(2)部分高校在公共事业管理专业中融合了行业特色:部分高校在吸取了综合性高校公共事业管理专业培养方面的成功经验的基础上,走出了一条适合自身特色的公共事业管理专业人才培养之路,除了一般公共事业管理的核心课程外,在培养目标和要求上体现出了对于不同行业知识和能力的要求,在学生全面发展的基础上深化了学生在某一行业的知识和能力。

（3）一部分高校存在"以专业方向代替专业"的现象：部分高校一味迎合用人单位的要求，弱化公共事业管理专业的一般性要求，完全按照专业方向的要求培养学生，一定程度上满足了用人单位的要求，但隐含着学生所学知识面过窄，只能到特定的机构工作的事实，不利于学生知识能力的全面发展。

2. 公共管理专业人才应具备的特征

（1）应具备综合性特点：公共管理专业人才不仅要全面掌握与自己本专业相关的知识与技能，还应了解与学科相关的知识，着重提高自身综合素养。公共管理专业人才应将夯实专业能力作为前提，向外拓展自身知识领域，对于相关学科的知识与技能也应适当掌握，丰富自身专业结构，用发展的眼光看待问题，向着复合型人才发展方向过渡。面对具体工作当中出现的各种问题，掌握足够的知识后才能够游刃有余地解决。最后，公共管理专业人才还应培养自己其他方面的能力，例如思想素质、身心素质、政治素质等，这些都是公共管理人才应具备的能力。

（2）应具备专业性特点：公共管理人才应提高自身专业性，也是本专业人才与其他专业人才有所区别的地方。公共管理专业人才不仅要具备专业的知识，也应熟练操作各项专业技能，公共管理专业学生需全面了解与掌握专业知识，在相关管理活动当中提高自身掌握能力与组织协调能力。一名优秀的公共管理者的知识架构，其中的重要核心组成部分就是专业知识，更是公共管理专业人才应具备的核心素养。在自己所从事的工作当中，只有具备相应的专业能力，才能够解决遇到的各项难题。专业技能也是公共管理者处理各项工作的本领，是做好各项工作的关键。因此，在培养公共管理人才的过程中，必须增强其专业素养。

3. 公共事业管理专业人才培养要求

针对我国公共事业管理专业人才培养的现状，特别是公共事业管理专业发展中存在的现实问题，各院校在当前和未来的专业人才培养和教学模式上，应注意以下几点培养要求：

（1）注重公共事业管理人才培养的专业性：按照教育部的规定，公共事业管理专业毕业的学生应该至少能够在文教、体育、卫生、环保、社会保险等公共事业单位行政管理部门工作。这些部门所涉及的行业、工作岗位十分广泛,而学生在四年的大学教育培养中很难成为这么多领域的通才,因此,不同院校有必要在本校专业学生培养的过程中注重某一方面的专业化教育,以提高学生自身能力和专业水准。

(2) 满足学生自身发展的要求,先体现专业后注重方向:在专业培养的过程中,按照"最近发展区"理论:教学只有着眼于学生能力的"最近发展区"才能有目的地推动学生身心的积极发展,唤起学生不断追求新目标的需要、兴趣和意向。在发展、变化的思想指导下编制的教学目标,应能体现"发展水平"和"最近发展区"的能级转换、梯度渐进,不断挖掘更新"最近发展区",从而促进学生获得更大程度的发展。学生进入公共事业管理专业这个平台之后,首先是学生认识、了解这个专业,在这基础上,学生才能够根据自己的特点深入、潜心这个专业,最后才会热爱这个专业。

(3) 满足个性化创新人才培养的要求:创新的特征落实到教育环节上就是根据每一个学生的个性发展要求提供与之相适应的教育服务。公共事业管理专业对学生的培养要重视每一个学生的成长发展,处理好教学的公共性和培养个性化的矛盾,为学生成才创造条件、提供机会。公共事业管理本身是一个正在发展的专业,充分考虑学生的需要,让学生的个性与教学相结合是公共事业发展的需要。同时,公共事业管理专业学生个性的发展也给公共事业管理专业的发展注入了新的活力。

(4) 满足学生职业生涯规划的需要:现在各个高校都在强调要对学生进行职业生涯教育。职业生涯教育的特点是:注重个体的特别性;强调教育过程的终身性;要求学校、家庭、社会教育的整体性;面向教育个体的全面性,避免歧视;突破传统,注重培养实际的职业能力;注重促进学生的发展和特殊才能的充分发挥。职业生涯教育理论的前提条件就是针对受教育个体的特殊性,这与我国传统倡导的"因材施教"的观点是不谋而合的。

(5) 满足用人单位选择的需要:面对"千人一面""广谱抗菌"的培养模式,用人单位早已经提出了异议。同时,这样一种培养模式也给用人单位招聘选择带来了很大的成本。突破这样的培养模式,让大学重现自由发展是教育工作者的义务和责任,各高校需要给学生的个性发展留下广阔的空间,教育者更应该采取多种形式让学生多层次、多元化地凸显个性,也给用人单位提供更加丰富的选择。

二、公共事业管理专业人才培养模式与途径

1. 公共事业管理专业人才培养模式

公共事业管理专业迄今未能就其专业建设的一些基本问题达成共识，教育部公共管理教学指导委员会多次召集相关高校专家学者讨论，但一直未能建立较为规范的专业课程体系，这给人才培养方案的制订带来一定困难。因此，为了平衡大专业和小专业方向的要求，在人才培养教学模式上更有必要确定该专业的核心课程，以利于不同院校根据自身资源优势培养出具有自身特色和优势的公共事业管理专业人才。

（1）确定多元化的人才培养目标：公共管理人才的社会需求与我国公共管理部门改革进程密切相关，高校应针对各种公共管理部门人才需求的实际要求，加强学生专业能力训练和公共服务能力培养。同时要增强学生对管理类相关专业课程的选修自由度，提供更丰富的专业实践机会，以适应更广泛的就业需求。各院校应在充分进行人才需求调研的基础上，根据自身的教育资源优势，确立灵活的培养目标。

（2）建立合理的人才培养方案和完整的教学保障体系：在人才培养方案中，课程建设是基础。高校应努力在课程模块设计、主干课程规范、校本课程开发及课程建设等方面打造特色。在教学保障体系中，公共事业管理专业当前最困难的是师资队伍和实践教学基地建设，尤其需要具有在公共部门工作经验的教师充实到该岗位，以实际经验指导学生理论学习。在教学实践基地建设方面，既要重视校内教学实验室基础设施的建设，又要重视与相关事业单位、政府机关或大中型企业管理部门合作，建立校外合作教学实习基地。

（3）重视实践教学环节的培养：在实践教学环节上，应充分把握机会，总结教学经验，避免学生的实践目标不明确，学生参与积极性不高，产生抵触接触社会的心理。进一步对学生进行实践教学重要性教育与引导，使之高度重视，树立实践思想意识，积极充分利用假期时间参加社会实践活动，增强动手能力的培养与训练。强调课程实习是专业实习的前提和基础，建立制定实习计划与实习大纲、实习指导书—制定实习模块、计划构架—具体分工—制定实习方案—整理实习材料—成绩评定等一套完整的工作流程，责任明确，任务清晰，组织管理到位。

2. 公共事业管理人才的培养途径

为达到公共事业管理专业的人才培养目标,体现高等教育"知识传授、能力培养、素质提高三者协调发展"的教育理念,公共事业管理专业强调以下三条人才培养的宏观途径:

(1) 夯实基础教育,培养创新精神:公共事业管理专业是一个新兴专业,必须建立在厚实的成熟学科基础之上,在成熟学科中吸收使自己成长壮大的养分。该专业应按照教育部对公共管理学科各专业的课程设置要求,结合各院校相关学科优势,设计出高质量、有特色的课程体系,让学生掌握扎实的基础知识。

(2) 强化实践环节,培养动手能力:在高校培养人才过程中,除了理论课程体系的设置,实践教学体系的构建也非常重要。实践教学是公共事业管理专业人才培养的重要环节,目的是将理论教学效果加以强化,增强学生的知识应用能力,激发创新意识和探索精神,培养学生实际动手能力和解决问题的能力,进一步提升综合素质,最终为学生立足行业,运用所学知识和技能实现职业发展奠定基础。公共事业管理学主要是应用科学,在培养该专业学生时,要加大实践性教学的力度,让学生在真情实景中学活知识,缩短理论知识与实际操作的距离,在实践中培养动手能力。因此,公共事业管理专业实践教学体系构建应始终针对加强培养公共事业管理专业的综合竞争能力,科学规划、提高实际应用价值,全面增强学生的综合能力与素养。

(3) 理论联系实际,提高综合素质:系统的理论学习与表面的动手能力,只有在综合性的理论联系实际的活动(如毕业实习、毕业论文)中才能内化为较为稳定的内在素质,它包括思想政治素质、文化道德素质、业务专业素质、心理身体素质等。只有具备这些方面的优良素质,才能适应变化的社会生活,成为有用之才。

我国公共事业管理专业人才培养方法及教学模式的改进尚需在不断总结实际经验的基础上逐步完善并成熟。随着社会主义市场经济体系的逐步完善,政府职能将进一步转变,更需要建立一个高效、协调、规范的公共事业管理体系。这对公共事业管理人才的培养提出了迫切要求和挑战。21世纪的全新的教育体制正在形成,尽管公共事业管理这一新的学科在具体建设中还有许多问题需要我们去探索、去解决,但是公共事业管理专业的前景无疑是广阔的,必将在管理学科的发展中发挥其应有的作用。

思考题

1. 根据公共事业管理专业培养目标制定自身学业目标。
2. 根据公共事业管理专业的人才素质要求提炼出自身需要强化的能力和知识。
3. 简述公共事业管理专业人才培养要求和实现途径。

拓展阅读

我国卫生组织体系的构成

广义的健康组织体系,包括健康管理体系、健康提供体系和其他一切和健康相关的第三方组织;狭义的健康组织体系指卫生组织体系,包括直接提供卫生服务的组织、具有直接卫生管理卫生职能的卫生行政组织和群众性卫生组织。

一、卫生行政组织

我国从中央到地方按行政区划设立的卫生行政组织为中央、省(自治区、直辖市)、市、县(含县级市、市辖区)四级,依次是中华人民共和国国家卫生健康委员会(简称卫健委)、省(市、区)卫生健康委员会(局)、市级卫生健康委员会、县级卫生健康委员会。

二、卫生服务组织

卫生服务组织即医疗卫生服务组织,是由为提高全民健康水平而提供医疗卫生服务的各级各类专业机构组成的有机整体,包括医疗、预防、妇幼保健、医学教育、医学科研和城乡综合性医疗卫生服务机构等类别。

根据职能分工不同,医疗卫生服务机构可分为医疗机构,卫生防疫机构,妇幼保健机构,医学教育机构,医学科学研究机构,军队、企业医疗卫生服务机构,其他卫生组织机构等类别。

三、群众性卫生组织

群众性卫生组织是发动群众参加、开展群众性卫生工作的组织保证。这类组织可分为三类:由国家机关、人民团体的代表组成的群众性卫生机构,由卫生专业人员组成的学术团体,由广大群众卫生积极分子组成的基层群众卫生组织。在我国影响比较大的群众性卫生组织有:爱国卫生运动委员会、中华医学会、中华全国中医学会、中国医师协会、中国中西医结合研究会、中国药学会、中华护理学会、中国防痨协会、中国红十字会、卫生工作者协会、中国农村卫生协会、中华预防医学会、全国中药学会、初级卫生保健基金委员会等。

［资料来源:王长青.卫生管理学(新世纪第二版)[M].北京:中国中医药出版社,2017.］

第三章 公共事业管理专业的学科基础

 内容提要

公共事业管理专业的学科基础包括三个要素：学科的理论基础、研究对象及研究方法。公共事业管理脱胎于公共管理，其理论主要包括了三个部分的内容，即政治学理论、管理学理论和经济学理论，其中较为核心的理论基础主要有公共需求理论、公共产品理论、公共选择理论、公共事务治理理论、新公共管理理论和新公共服务理论等。公共事业管理的研究对象包括管理主体、管理客体、管理目的、管理职能和方法以及管理环境。公共事业管理的研究方法主要包括历史研究法、案例分析法、比较研究法、实践抽象法、试验分析法、实体分析法和系统分析法。

第一节　公共事业管理专业学科的理论基础

专业是指高等学校或中等专业学校根据社会分工、经济和社会发展需要以及学科的发展和分类状况而划分的学业门类。专业必须在一定学科知识体系的基础上建立，专业如果离开了学科知识体系便失去了存在的合理性依据。专业是学科承担人才培养职能的平台，学科是专业发展的基础。作为专业发展基础的学科具有三个基本要素：一是由特有的概念、原理、命题、规律等构成的严密的逻辑化的知识系统，二是独特的、不可替代的研究对象或研究内容，三是生产学科知识的研究方法。

一般情况下，学科与专业的关系一般是先有学科后有专业，学科是专业教育的内容和内核，专业是学科知识研究和传承的平台与载体。但公共事业管理专业建设的情况却很特殊，先设立专业而后再建设学科，因而其学科建设和理论基础均显不足，需要依托其母体学科公共管理作为学科基础。但在中国，公共管理学科发展也不太成熟，按照清华大学公共管理学院教授薛澜所说，"中国公共管理研究长期处于碎片化与空心化状态，难以为学术话语体系的构建提供坚实的理论基础"。因此，公共事业管理专业建设学科基础还显薄弱，需要更持续地进行研究和建设。

任何学科发展必须有理论基础做支撑。学习公共事业管理学必需正确认识该学科的基本规范和问题，能够使用学科的理论来描述、解释以及预测公共事业管理活动和现象。随着公共事业管理相关理论的发展与完善，公共事业管理领域不断拓展，管理的手段也不断多样化。作为公共事业管理学科发展的研究框架或理论范式，必须能够描述、解释和预测公共事业管理的产生、变革与发展。与公管事业管理相关的理论有很多：第一类是与公共事业管理学科相关的理论，是公共事业管理的外围理论，是公管事业管理学科的基础。这些理论可能来自公管事业管理学科以外的学科，比如管理学、政治学、经济学、社会学等。第二类是公共事业管理学科的核心理论，关注公共事业管理学科的核心问题，是公共事业管理的学科基础理论。第三类是公共事业管理分支学科的专业应用理论,重点强调分支学科中解释专门问题的现象和规律。

由于公共事业管理学科发展还不成熟,所以其基础理论往往借用母体学科公共管理学和其他相关学科的理论。一般而言,公共事业管理学科的基础理论主要有公共需求理论、公共产品理论、公共事务治理理论、新公共管理理论、新公共服务理论等。

一、公共需求理论

需求是社会发展的原初动力。从需求出发可以描述和解释各种社会现象的原因。人的需求多种多样,按照不同的标准,可以划分为不同的需求类别。从需求主体出发,需求可以分为私人需求和公共需求。私人需求和公共需求相互联系、相互影响,但不可相互替代。私人需求是人类进行经济活动和社会活动的原初动力,公共需求则是人类进行正常经济活动和社会活动必不可少的条件,也是私人需求得以满足的重要条件。公共需求是独立于私人需求的社会整体需求,是以社会共同体的利益为基本表现形式的普遍需要。

公共需求是公共事业不断增长和发展的原初动力。从某种意义上说,社会公共事业是社会公共需求不断增长的产物,是为了解决一定公共问题以满足相应的公共需求而提供公共产品和服务的活动过程。公共需求不同于私人需求,它虽是全体社会成员在长期生产、生活中产生的共同的私人需求,但不是私人需求的简单相加,而是超越私人需求的,为维护社会政治、经济、文化、生活秩序的正常运行发展的共同需求。因此,公共需求的满足形式也不同于私人需求的满足形式,无法完全依靠市场机制来解决,而是要依靠政府等公共组织以提供公共产品和服务的形式来解决。

公共需求是一定社会中全体成员共同生存和发展所需要的利益和条件,是随着历史的发展而发展的。不同时代的公共需求是不同的,即使处于同一历史阶段,不同的国家或地区的公共需求的内涵也会有所不同。一般而言,现代社会的公共需求主要包括以下六个方面:第一,维护社会公共秩序与安全秩序的公共需求,如国防、公安、外交等;第二,维护经济秩序和市场交易秩序的公共需求,如市场监管、知识产权保护、公正司法等;第三,为全体社会成员提供公共设施与公共管理的公共需求,如公众医疗保健、义务教育、公共交通、公共图书馆等;第四,建立社会保障与救济体系,扶助社会弱势群体的公共需求,如公共组织的扶贫、社会保险等;第五,管理公共资源与公共财政的公共需求,如国有资产管理、保护环境、自然资源、人文资源等;第六,在生活水平进入发达状态后,公众对人权、自由等公民权利的公共需求。

不同的公共需求导致了不同的公共事务,不同公共需求的特点则导致了具有不同特征的公共事务。具体而言,公共需求的特点主要有如下几点:

(1) 客观性:公共需求是社会生产发展到一定历史阶段形成的。由于社会生产力发展水平不同,所以不同社会的公共需求是不同的,但不同社会的公共需求都与其社会经济社会发展程度与水平相适应。社会经济发展水平提高了,人们的公共需求也自然提高。早在原始社会,并不存在跨氏族群体的社会公共事务,自然没有公共需要。但随着生产力的逐步发展,人类的活动领域也扩大了,逐渐产生了生产消费之外的安全、教育、文化、审美等社会活动内容,公共需求就随之产生。总之,公共需求是与特定历史阶段的生产力水平相当的,是客观存在的。

(2) 变化性:公共需求随着生产力的发展而发展,不同历史阶段中的人们的公共需求是发展变化的,其种类和形式也不断发生变化,基本按照由低级到高级、由简单到复杂、由不发达到发达的趋势发展,也就是说公共需求层次和水平是随着历史的发展而日益丰富和不断提升的。

(3) 多样性:公共需求的多样性是指公共需求在不同的社会历史条件下具有不同的内容与表现形式。从历史发展角度看,不同社会形态有着不同的生产方式和生活方式,有其特殊的公共问题,形成了不同的公共需求。从横向来看,人类的活动领域不断拓展,社会活动越来越趋向多元化与开放化,也就催生了许多新的不同的公共需求。

二、公共产品理论

公共产品理论是美国学者保罗·萨缪尔森在20世纪50年代中期提出的,也是新政治经济学的一项基本理论。该理论是分析如何正确处理政府与市场关系、政府职能转变、构建公共财政收支、公共服务市场化的基础理论。公共产品理论主要通过产品概念和范畴对社会中不同属性的产品进行分析，明确公共事务的范围和边界，从而给出特定的解决公共事务问题的工具。

1. 公共产品的概念

一般而言，公共产品与私人产品是相对的。社会产品分为两大类：一类是满足私人需要或私人消费的产品，其他人不能共享，即私人产品；另一类是满足社会公众需要或消费的产品，即公共产品。最早对公共物品进行严格定义的是保罗·萨缪尔森，他在1954年11月号的《经济学与统计学评论》上发表的《公共支出的纯理论》中提出，纯粹的公共产品或劳务是指这样的产品和劳务，即每个人消费这种物品或劳务不会导致别人对该产品或劳务消费的减少。约瑟夫·E.斯蒂格利茨在其《经济学》一书中也给公共物品下了一个定义，他认为公共物品是这样一种物品，在增加一个人对它的分享时，并不导致成本的增长，而排除任何个人对它的分享都要花费巨大成本。通俗地讲，公共产品就是相对于私人产品而言的能够满足社会公共需求和消费的具有非排他性、非竞争性以及效用不可分割性的物品或服务。那什么是公共需求呢？就是我们在公共需求理论中分析的那些内容，诸如国防、公安、外交、市场监管、知识产权保护、公正司法、公众医疗保健、义务教育、公共交通、公共图书馆、社会保险、保护环境、自然资源、人文资源、人权、自由等。公共产品以实物形态的公共物品或非实物形态的公共服务直接或间接地为企业生产和家庭生活提供产品和服务，随着社会经济的发展，公共产品呈现不断扩大的趋势。

2. 公共产品的特点

根据公共产品的概念，我们可以知道公共产品的特性主要是消费的非排他性、非竞争性。

（1）非排他性：非排他性和排他性是相对应的，排他性是指阻止一个人使用某一物品时该物品的特性。私人产品的消费具有明显的排他性，比如一个人花钱买帽子，这顶帽子就属于他一个人，他在戴帽子时别人就不能同时戴，或者他拥有这顶帽子时别人就无法同时拥有这顶帽子。与私人产品的排他性不同，公共产品就有非排他性。公共产品的非排他性是指一个人在消费公共产品时，无法排除其他人同时消费该产品；或者说你不愿意消费公共产品也不得不消费它,无法排斥它。较为经典的例子是灯塔,黑夜里灯塔亮了后可以为航船指引方向,但不会因为一艘航船看见了它而其他航船就无法看见,也不会因为消费一次就消费完了。同样,即使哪艘航船不愿看见灯塔光亮,也无法避免它。

公共物品的非排他性还有一层含义,即某些公共产品虽然在技术上可以做到排斥他人消费,但这样做的成本太高或者违背了公众的利益。比如在公路上设置路障限制其他人通行,既要付出路障建设成本又要付出日常管理成本,此外还使本可以通行的人无法通行,这些都会带来效率的损失。

公共产品具有非排他性的主要原因是它具有外部性,即收益的外溢性。外部性指一个人或一群人的行动和决策使另一个人或一群人受损或受益的情况。外部性有负外部性、正外部性之分。正外部性是某个经济行为个体的活动使他人或社会受益,而受益者无须花费代价,比如环境保护、教育等。负外部性是某个经济行为个体的活动使他人或社会受损,而造成外部不经济的人却没有为此承担成本,比如污水废弃物排放、噪音扰民等。由于公共产品具有非排他性,不像私人产品可以被分割成许多可以买卖的单位,谁付款,谁受益,于是就会出现"搭便车"的现象,即不论是否付费都可以消费,一些人便认为既然不付费也可以消费,而付费也不能获得比别人更多的利益,从而就尽可能地逃避付费。故而,需要通过税收一类的强制方式进行筹措。

(2)非竞争性:私人产品具有鲜明的消费竞争性,公共产品则不具有消费上的竞争性。公共产品的这种非竞争性的基本含义有两层。

一是边际生产成本为零。这里所说的边际成本不同于微观经济学中分析的产量增加带来的边际成本,而是指增加一个消费者给供给者带来的边际成本。公共产品的边际成本为零,通常是指新增加一个消费者,公共产品供给者并不增加供给成本。比如公路两旁的路灯便是较典型的公共产品,通常经过并得到照明的行人增加并不需要增加任何生产成本。一般而说,判断某一产品是否具有竞争性的重要标准是看边际生产成本是否为零。

二是边际拥挤成本为零。即在公共产品的消费中,任何消费者的消费都不影响其他消费者的消费数量和质量,即这种产品不但是共同消费的,也不存在消费中的拥挤现象,不存在消费者为获得公共服务需排除他人而付出代价,比如不拥挤的公路、桥梁、互联网等。边际拥挤成本是否为零是区分公共产品和准公共产品的重要标准。

3. 公共产品的分类

要更好地理解公共产品,还需对其进行类型学的划分。公共产品具有非排他性和非竞争性,但现实中,并非所有具有公共性的产品都同时具备非排他性和非竞争性。因此,可以据此对公共产品进行分类。

一般来说,公共产品可分为纯公共产品和准公共产品。纯公共产品是指完全具备非排他性和非竞争性特点的产品,如灯塔、国防、法律制度、教育、基础科学研究、社会科学研究、环境保护等。准公共产品是指介于纯公共产品和私人产品之间、在消费过程中具有不完全非竞争性和非排他性的产品。准公共产品往往会在消费方面具有较大程度外部性。它的特点是消费中的竞争性和消费中的排斥性。消费中的竞争性,是指一个人对某产品的消费可能会减少其他人对该产品的消费(质量和数量),比如教育、医疗等;消费中的排斥性,即只有那些按价付款的人才能享受该产品,比如公路、公园等。研究公共产品的分类可以更好地研究不同的供给方式,更好地区分物品应该由谁供给以及以什么方式供给。

三、公共事务治理理论

公共事务的治理活动古已有之,自从有了公共事务,就有了公共事务治理活动。古希腊哲人亚里士多德(Aristotle)曾经断言:"属于最多数人的公共事务常常是最少受人照顾的事务,人们关怀着自己的所有,而忽视公共的事务;对于公共的一切,他至多只留心到其中对他个人多少有些相关的事务"。可见,亚里士多德已经开始探究公共事务治理相关问题。从历史发展看,公共事务治理大致经历了三个阶段:经验式治理阶段、公共行政阶段、公共治理阶段。随着社会发展,国家权力将逐渐减弱,公共事务治理的主题逐步由统治转向个人对公共事务的关心,最终依靠社会自身力量来实现公共事务的治理。

公共事务治理理论比较有影响力的分析模型有四个:哈丁的"公地悲剧"、"囚徒困境"、奥尔森的"集体行动逻辑"和埃莉诺·奥斯特罗姆的"自主治理"理论。

1. 公地悲剧

1968年英国学者加勒特·哈丁教授(Garrett Hardin)在 *The Tragedy of the Commons* 一文中首先提出"公地悲剧"理论模型。该理论模型描述了理性地追求最大化利益的个体行为是如何导致公共利益受损的恶果的。哈丁从"理性人"假设出发,设想古老的英国村庄的牧民作为理性人,都希望自己的收益最大化,不顾草地的承受能力而增加羊群数量。但是,一旦增加羊的数量,便出现了如下情形,一是获得了增加的羊的收入;二是加重了草地的负担。随着放牧数量的增加,超过草地的承受能力,便出现过度放牧,进而导致草地逐渐耗尽,草地状况迅速恶化,牧民反倒无法从放牧中得到更高收益,这时便发生了"公地悲剧"。哈丁认为:"这是悲剧的根本所在,每个人都被困在一个迫使他在有限范围内无节制地增加牲畜的制度中。毁灭是所有人都奔向的目的地,因为在信奉公有物自由的社会中,每个人均追求自己的最大利益。"像过度砍伐的森林、污染严重的河流和空气,都是"公地悲剧"的典型例子,"公地悲剧"的警示意义在于人们要避免对公共资源的过度利用。

2. 囚徒困境

"囚徒困境"是博弈论的非零和博弈中具代表性的例子,反映个人最佳选择并非团体最佳选择。该理论模型由美国普林斯顿大学的数学家塔克于1950年提出,该模型假设的故事是:两个合谋犯罪的犯罪嫌疑人被警察抓住,分别被关在两个不能互通信息的房间审讯。警察告诉他们:如果两人都坦白,则各判刑5年;如果一人坦白一人沉默,则坦白者立即释放而沉默者重判8年;如果两人拒不认罪,以现有证据来看也可以各判1年。囚徒困境假定每个参与者(即"囚徒")都是理性的利己者,即都寻求最大自身利益,而不关心另一个参与者的利益。对双方来说,在没有任何外在威胁和利诱的前提下,各自都有两种可供选择的策略,即坦白或沉默,于是就有四种可能结果,其中,最好的结果是无罪释放,最坏的结果是重判8年。但为了避免重判,结果是每个参与者都选择了坦白策略,每人被各判5年,这表明个体的理性选择最终导致了集体的非理性。

3. 集体行动逻辑

奥尔森的名著《集体行动的逻辑》是公共选择理论的奠基之作。它研究的是传统经济学不予关心的非市场决策问题,公共选择理论从它诞生开始就紧扣"经济人"这个最基本的行为假定,认为除了参与私人经济部门活动的人之外,公共活动的参与者也受制于此,都有使自己行为最大化的倾向,无行为主体的所谓的公共利益是不存在的。与以前社会科学家的假设不同,奥尔森不认为一个具有共同利益的群体一定会为实现这个共同利益采取集体行动。因为这个假设不能很好地解释和预测集体行动的结果,许多合乎集体利益的集体行动并没有发生。相反,个人自发的自利行为往往导致对集体不利、甚至极其有害的结果。

4. 自主治理理论

诺贝尔经济学奖获得者埃莉诺·奥斯特罗姆在大量实证案例研究的基础上,开发了自主治理理论,从而在企业理论和国家理论的基础上进一步发展了集体行动的理论。该理论从影响理性个人策略选择的四个内部变量、制度供给、可信承诺和相互监督、自主治理的具体原则等方面阐述了自主治理理论的核心内容。奥斯特罗姆认为自主治理是与国家、市场并存的一种治理形式,是在市场与国家以外发现了另一只"看不见的手"。埃莉诺·奥斯特罗姆公共事物自主治理理论把多中心秩序与效率及社群利益关联起来,在市场与国家理论之外进一步发展了集体行动理论,为面临类似选择的人们提供了处理类似问题的新思路,从而为公共事务治理的理论与实践开辟了新路。

四、新公共管理理论

新公共管理(new public management,NPM)是 20 世纪 80 年代以来兴盛于英、美等西方国家的一种新的管理模式,"重塑政府运动""企业型政府""政府新模式""市场化政府""代理政府""国家市场化""国家中空化"等,都是对这场管理变革的不同称谓。新公共管理改革实践催生出不同于传统公共行政理论的理论新范式,即新公共管理理论。

新公共管理理论主张引入市场竞争机制,采用私人部门的管理方式,以市场或顾客为导向,重新调整政府、市场和社会的关系,提高公共管理水平和公共服务质量。美国政府改革家奥斯本是新公共管理理论的代表人物之一,其代表作是《改革政府:企业家精神如何改革着公营部门》。在这本书中,奥斯本提出了用企业家精神改革政府的十项原则:掌舵而不是划桨;立足社区的政府,要注重妥善授权而非事必躬亲;注重引入竞争机制;有使命感的政府;结果导向的政府;顾客导向的政府;企业化政府,有收益而不只是花钱;预知型政府,重预防而不是治疗;参与协作的分权模式而非层级节制的集权模式政府;重市场机制调节而非仅靠行政指令的政府。

新公共管理理论秉持效率原则、分权原则、去官僚化原则和市场化原则,它通过推进改革管理主体多元化和公共管理手段企业化,促使政府不再担当公共产品和服务的唯一提供者,而是担当公共事务的促进者和管理者,它有助于提高公共管理的有效性和促进社会可持续发展。具体来讲,新公共管理理论的基本内容有:一是以顾客为导向,奉行顾客至上的全新价值理念;二是治道变革,政府职能由"划桨"转为"掌舵";三是在公共管理中引入竞争机制;四是重视效率追求;五是改造公务员制度;六是创建有事业心和有预见性的政府。

五、新公共服务理论

新公共服务理论是对新公共管理理论的批判和超越,提出和建立了一种更加关注民主价值与公共利益,更加适合现代公共社会和公共管理实践需要的新的理论选择。罗伯特·B.登哈特、珍妮·V.登哈特夫妇是新公共服务理论的代表人物,其代表作为《新公共服务理论:服务而不是掌舵》。在这本书里,他们对传统公共行政特别是新公共管理进行反思和批判,并从七个方面系统地阐述了新公共服务的基本理论内涵:服务于公民,而不是服务于顾客;追求公共利益;重视公民权胜过重视企业家精神;思考要具有战略性,行动要具有民主性;承认责任并不简单;服务,而不是掌舵;重视人,而不只是重视生产率。

新公共服务理论认为,公共管理者在进行管理时,应该集中于承担公民服务和公民放权的职责,工作重点应该是建立一些明显具有完善整合力和回应力的公共机构。它力图通过公民与政府共同治理来提高治理质量和效果,并给整个社会带来更高的社会资本。相对于新公共管理理论提出的"3E"标准[即效率(Efficiency)、效益(Effectiveness)、经济(Economy)]来说,新公共服务理论进行了超越,认为新公共管理理论的效率观会导致政府过于追求效率而逃避为公民提供公共物品和公共服务的责任,造成公共行政公共性减弱,进而影响公共部门的合法性基础。因此,新公共服务不能忽视公共管理中人对公平愿望的要求,既要担负起公共行政捍卫民主与公平的政治责任,也要担负起实现道德水准的责任,故而在新公共管理的"3E"基础上添加了另外一个"E",即公平(Equity)。也正是因为综合了新公共管理理论的内容,新公共服务理论看起来又像一个大拼盘,很多价值目标难以整合和调和。

第二节 专业学科的研究内容

公共事业管理是公共管理的一个基本而重要的领域,属于现代管理学范畴。公共事业管理活动具有管理活动涉及的一般要素,即管理主体、管理客体、管理目的、管理职能和方法以及管理环境。这些要素明晰了公共事业管理研究的几个基本内容,即公共事业管理由谁来管理,管理什么,为什么要管理,怎样管理,在什么条件下管理。

一、公共事业管理的主体

研究公共事业管理必须明确公共事业管理主体的概念和科学含义,即要明确由谁来进行管理。由于我国公共事业管理研究还处于探索阶段,目前对公共事业管理范围的界定还不清晰,因此对公共事业管理主体的界定也存在着不同的观点。

目前,关于公共事业管理主体的探讨主要有三种观点,即公共组织是公共事业管理主体的观点,公共事业组织是公共事业管理主体的观点和第三部门是公共事业管理主体的观点。

第一种观点认为公共组织是公共事业管理主体。国内部分学者从我国目前公共事业管理的现实情况出发,认为以政府为核心的公共组织是现代社会公共事业的管理主体。公共组织是指不以营利为目的,而是致力于协同社会公共利益关系,服务社会大众,提高公共利益为宗旨的组织。公共组织不仅包括政府,还包括非政府组织,其中政府是整个公共事业管理主体系统的核心。

我国在长期的计划经济体制下形成的政企事一体的管理体制直到今天仍然影响着公共事业管理体制。虽然行政管理体制改革和事业单位管理体制改革还在不断推进,可政事依然没有完全分开,政府还在相当程度上介入本该退出的领域。随着改革的不断深入,政府将会逐步从公共事业管理活动中淡出。

第二种观点认为公共事业组织是公共事业管理主体。公共事业组织是依照一定规则(有关政策、法规或内部章程),以独立、公正为原则,凭借自身特有的功能、资源为社会提供各种服务的公益性组织。公共事业组织是随着市场经济发展到一定程度而产生的,其活动不仅能够推动经济发展,也能够促进政府有效运作。公共事业组织在我国主要包括事业单位和民间组织,具有非政府性、非营利性、公益性、志愿性和灵活性等特点,在弥补国家体制和市场体制局限性方面有其优势,和西方国家的非营利组织、"第三部门"、非政府组织、志愿组织等很相似。随着市场经济的发展与逐步完善,公共事业组织将成为一种适合提供和管理准公共物品与服务的组织形式,逐步成为公共事业管理主体。

第三种观点认为非营利组织是公共事业管理主体。非营利组织是指不以营利为目的、主要开展各种志愿性的公益或互益活动的非政府组织,在西方国家也被称为"第三部门"。非营利组织是介于政府和市场之间的中间层,在政府和市场都无法顾及或者无法发挥作用的领域,非营利组织以其自身独特的灵活性、非营利性、公益性等优势为公众提供更加满意的公共产品与公共服务。

非营利组织通过传导政府政策和反映公民诉求的方式在政府和公民之间架起了一座沟通的桥梁,促进社会向"政府—非营利组织—市场"的三元结构发展,在弥补"政府失灵"和"市场失灵"中发挥其功能,成为公共事业管理主体。

二、公共事业管理的客体

公共事业管理客体研究就是要研究管理的对象或管理什么。由于公共事业管理是一门综合性的学科,不同的研究者从不同的视角进行研究,所以对于研究对象的界定也各不相同。总体而言,多数教材认为公共事业管理的客体就是公共事业,但是对于如何界定公共事业的范围却是有分歧的。一般来说,不同学者都认同科、教、文、卫、体五个领域应该作为公共事业管理的主要研究对象,但对于是否将公用事业、基础设施、社区管理、公共住房、社会保障、环境等增加进来作为公共事业管理的研究内容还存在着争议。具体来讲,关于公共事业管理客体的观点可归为如下三种:

第一种观点认为:公共事业管理是以公共管理中政府以外的公共事务为研究对象的一门具体学科,但这种界定很大程度上淡化了政府是公共事业的管理主体。

第二种观点认为:公共事业管理是阐述公共事业管理的学科体系和重要内容,是研究公共事业管理的基本过程和规律。

第三种观点认为:公共事业管理是研究公共事业管理现象及其发展规律的科学,它是研究公共事业管理者在一定的环境和条件下,为了实现特定的目的,动员和运用有效资源而进行的计划组织领导和控制等活动及其规律的科学。

综上所述,公共事业管理是研究公共事业管理现象和发展规律的一门科学,它是研究政府、社会团体、公用企业组织等公共事业管理主体在一定的社会环境制约中对公共事务、社会事务进行管理的基本过程和基本规律的科学。

三、公共事业管理的目的

公共事业管理的目的就是要研究为什么要进行公共事业管理。公共事业管理的目的是各项公共事业管理的出发点和归宿,也是评判公共事业发展状况的重要标准之一。目前,对公共事业管理的目的认识基本达成一致,认为公共事业管理的目的就是满足社会公共需要,维护社会共同利益,通过为社会公众提供诸如科技、教育、文化、卫生、体育、环境保护、社会保障等各项公共服务,改善社会成员的共同生产生活条件,提高社会公众的福利水平。

四、公共事业管理的方法

公共事业管理的方法研究就是研究如何进行公共事业管理。公共事业管理的方法就是公共事业管理主体为了实现公共事业管理目的而对公共事业管理客体采取的管理方式、手段和措施。公共事业管理作为管理科学的一部分,也遵循管理学的一般规律,管理的基本职能诸如计划、组织、领导和控制等同样适用于公共事业管理,成为其公共事业管理的基本方法和手段。如何结合各项公共事业管理的具体情况选择科学、合理的管理方法和手段是公共事业管理的重要内容,必须加以认真研究。

从目前的研究来看,公共事业管理的方法形式多样,传统的方法主要是行政管理的方法、法律管理的方法、经济管理的方法,这些方法各有特点并有其优势和局限性。一般情况下,管理者会综合运用这几种方法。随着时代的发展,在西方国家兴起的新公共管理运动中,公共事业管理的传统方法的主导地位逐步被公共事业管理的社会化和市场化管理方法所取代。公共事业管理的社会化和市场化的主要形式是民营化,具体有委托、替代、撤资等。但社会化和市场化的管理方法有其优势也有局限,不能完全抛弃传统的管理方法,仍需要政府调控和监管。

五、公共事业管理的环境

公共事业管理的环境是研究公共事业管理的条件,即在什么条件下进行公共事业管理。任何管理活动都不可能在真空环境中进行,都是在一定环境和条件下进行的,公共事业管理活动也不例外。公共事业管理环境包含着诸多的因素,内容广泛、复杂。一般情况下,公共事业管理的环境包括内部环境和外部环境,即公共事业管理主体系统赖以存在和发展的内外部条件的总和,也可以说是影响公共事业管理主体及其活动方式、活动过程的内外部条件的总和。这里的内部环境主要指公共事业管理机构内部的各种关系和要素组合(包括内部人事管理问题等)。外部环境则主要是指公共事业管理机构之外的影响因素,诸如政治、经济、地理、人口、文化、民族、宗教等。

进行公共事业管理活动，必须研究各项影响公共事业发展的政治、经济、文化和社会等环境。通过对环境的研究，确定公共事业管理的影响和制约因素，为制定和实施科学、合理和有效的管理措施提供依据，进而达到预期管理目标。

第三节　专业学科的研究方法

公共事业管理学科是一门新兴发展起来的跨学科、实践性、应用型的学科。从学科归属来看，它虽然是公共管理的一个重要的分支学科，但有属于自己的独立的研究领域，所以也有其自身的研究方法。由于公共事业管理学科建立在管理学、政治学、行政学、经济学、社会学等学科基础上，所以从某种意义上来说，公共事业管理学科的研究方法也是借鉴这些学科的研究方法而逐步发展起来的。下面是公共事业管理学的几种主要研究方法：

一、历史研究法

历史研究法是运用公共事业管理理论和实践的历史文献资料，按照时间发展的顺序探寻过去事件发展轨迹中某些规律性东西的研究方法。历史研究法是一种比较研究法，是以过去为中心的研究方法，通过对现存的历史资料中的信息进行描述、分析和解释过去的过程，进而帮助理解现实问题以及预测未来发展趋势。任何公共事业管理活动和现象都不会是孤立存在的，都有其发生的历史背景和发展的过程。因此研究公共事业管理学中的概念、理论和规律，都应该将其放在一定的历史条件下进行，追根求源，追溯事物发展的轨迹，探究其发展轨迹中某些规律，这样才能了解它的来龙去脉，把握其实质所在，以实现"以史为鉴"，既服务于现在，又有助于预测未来发展趋势。

二、案例分析法

案例分析法是指通过对具体发生的某些事件或现象进行客观描述和解释,从公共事业管理发生发展情境中去发掘事件本质,总结经验教训,以找到问题答案的研究方法。案例分析法最初起源于20世纪初的美国哈佛大学医学院、法学院,后来经过哈佛商学院的推广与发展,逐步成了一种十分成熟的研究方法。目前是工商管理、法律学、管理学、公共管理学、社会工作学等应用性社会科学中最常用的研究方法。将案例分析法运用在公共事业管理学的研究中一定要针对具体的公共事业管理场景来进行,对案例发生的背景、发生的过程、出现的问题等要进行全面、系统的评价,分析其中成功和失败的因素,进而提出相应的对策建议。案例分析中案例的选取一般要求来自实际,能结合公共事业管理的相关理论进行分析,需有助于研究者和学习者展开双向的交流和思维碰撞。实践证明,案例分析法对于公共事业管理学的研究与教学都是行之有效的。

三、比较研究法

比较研究法是指对两个或两个以上的事物或对象加以对比,寻找其异同,对事物的本质和规律予以准确认识的一种分析方法。比较研究法是社会科学研究中的一种比较常用的研究方法,根据比较的内容,一般可以分为横向比较和纵向比较。横向比较是指对空间上同时并存的事物的既定形态进行比较。纵向比较即时间上的比较,就是比较同一事物在不同时期的形态,从而认识事物的发展变化过程,揭示事物的发展规律。我国公共事业管理的研究起步较晚,在我国当前社会转型期中产生的重大公共事业管理问题的研究,必须借鉴国际上的公共事业管理经验教训以及我国公共事业管理不同时期、不同体制下的经验教训,通过横向、纵向的比较研究,认清我国公共事业管理历史、现状和未来发展方向,进而促进我国公共事业管理的发展。

四、实践抽象法

实践抽象法是指对公共事业管理实践和行为中的既有经验、办法以及思维方式进行总结、概括和抽象，形成新的公共事业管理理论的方法。公共事业管理学是实践性较强的学科，需要对公共管理实践过程中形成的一些较稳定和定型化的操作方法和思维方法进行总结、概括、抽象、凝练提升为系统的理论。实践抽象法遵循"实践—理论—实践"的思想，即从实践中来，到实践中去。在公共事业管理中运用实践抽象法有助于帮助理论研究者和实务操作者提升确认问题、分析问题以及解决问题的能力。

五、试验分析法

试验分析法源于自然科学，现在也被广泛运用到社会科学研究中。试验分析法是指根据客观现实，通过情景控制模拟场景，将研究所涉及的各种要素按照预先设计步骤展开，观察和探索要素之间的关系的研究方法。公共事业管理学的试验分析法不同于自然科学的试验分析法，因为存在着许多无法像自然科学试验中那样精确测量和分析的因素。即使能够排除人为和与试验无关因素的干扰，但研究过程始终都有人的参与，还是不能完全做到价值中立，此外社会环境的多变性也会对试验结果产生影响。所以，从严格意义上来讲，公共事业管理的试验分析法是一种准试验分析。我国公共事业管理领域里很多政策在推广之前都先行试点，等试点经验成熟后再到更大范围内推行，在某种程度上来说就是一种试验方法的运用。目前，管理领域较为常用的对比试验、可行性试验、模拟试验等均已综合运用到公共事业管理的研究中了。

六、实体分析法

实体分析法是指在进行研究时，将公共事业管理的主体即公共组织，如政府、非政府组织和准政府组织作为一个实体来看待，重点分析该实体存在和发展的前提条件及其与环境的关系，从而获得这一实体活动的条件和规律等认识。运用该方法的前提条件是熟悉了解政府部门和相应的非政府组织及其行为过程,熟悉了解政府等机构的运行机制、内部结构、外部环境、管理目标、活动内容、资源和权限、面临的问题以及相关法律法规和政策等。通过实体研究法,可以形成一套理论和技术,帮助公共事业管理人员去分析本机构关于管理目的、制约因素、资源和权限以及面临的问题及解决策略,从而获得有效的管理方案和措施,提高公共事业管理的效率和效果。

七、系统分析法

系统分析法来源于系统科学。系统科学是20世纪40年代以后迅速发展起来的一个横跨各个学科的新的科学部门,它从系统的角度去考察和研究整个客观世界,为人类认识和改造世界提供了科学的理论和方法。系统分析法着眼于整个系统的整体与部分、整体与层次、整体与结构、整体与功能、整体与环境的相互联系与相互作用,最终求得优化整体的目标。20世纪50年代初期美国政治学家D.伊斯顿将系统分析引入到政治学的分析中,认为政治系统是与社会性价值的权威性分配有关的一系列互动行为,可以通过分析输入—输出来理解政治系统。此外,阿尔蒙德和多伊奇又分别从结构与功能、信息沟通的视角进行系统分析,但伊斯顿的输入—输出的一般系统分析理论影响比较大。在公共事业管理中运用系统分析法,可以帮助人们更好地理解公共事业管理系统及其与外部环境的关系,使人们对公共事业管理系统的各个组成部分以及各个环节进行综合性研究,探讨公共事业管理系统的输入与输出的具体情形。具体来讲,系统分析法的内容包括环境分析、整体分析、结构分析、功能分析、层次分析、互动分析以及相关分析等。

随着公共事业管理问题的复杂化、多元化和综合化以及现代科学研究方法的发展,特别是人工智能和大数据分析的发展,公共事业管理研究出现了多学科化、综合化、数学化、实验化、跨文化和信息化的发展趋势,公共事业管理研究中也应用了更多现代科学研究方法,提高了公共事业管理研究的科学化和精细化水平,有力地推动了公共事业管理学科的发展。

思考题

1. 公共产品的特点是什么？
2. 公共事业管理学科的研究内容有哪些？
3. 公共事业管理学科的研究方法有哪些？

拓展阅读

好研究是当下公共管理研究的大问题——兼论"中国"作为方法论

中国人民大学公共管理学院教授　何艳玲

［摘要］"好研究"是当下公共管理研究的大问题。如果我们不能持续拿出区别于其他学科的好研究，这个学科应该还会存在且可能更为强大，但"我们"则可能不在了。做好研究有三个关键词：公共、中国、大时代。第一，"公共"意味着公共管理研究的是所有人共有的、关心的议题，这些议题如果解决不好，可能伤害所有人，这个学科的使命关乎我们的悲欢喜乐、关乎每个人的公共福祉，因而也更可能产生打动人心的好研究。第二，"中国"这个关键词与本土化议题有关系。如果没有强烈的情境意识或者本土意识，很容易导致研究价值迷失，忽略"中国"，不仅将错过好的选题，也可能选错研究工具，还可能造成深层次价值缺失。第三，社会转型的大时代，就是经典理论产生的最佳时机。当下，我们正在从工业化时代转换到后工业化时代，从耕田、厂房、资本作为主要的生产资料到数据、技术、全球资本作为主要生产资料，生产方式发生重大变化。当下的很多困惑都与这种转换有关系，但契机就在于只有大困惑才可能产生大理论。公共、中国和大时代不仅建构了公共管理学在中国的意义，也建构了中国公共管理研究共同体的情怀，同时也建构了中国公共管理研究的基本方法。

［资料来源：何艳玲.好研究是当下公共管理研究的大问题[J].中国行政管理，2020(4):56.］

第一届公共管理基础理论与公共管理"大问题"研讨会

［本刊讯］2019年6月22日，由西北大学公共管理学院主办的第一届公共管理基础理论与公共管理"大问题"研讨会在西北大学顺利召开。来自中国行政管理学会、北京大学、复旦大学、中国人民大学、中山大学、暨南大学、西安交通大学、西北工业大学、长安大学、陕西师范大学、西北政法大学、西北大学等100多位代表参加了本次研讨会。西北大学党委常委、副校长常江研究员出席会议开幕式并致辞，他指出西北大学公共管理学院历来注重公共管理基础理论研究，并取得了一系列喜人的成果，希望这次学术研讨会能推动公共管理学科的进一步发展。

上午的主题报告阶段共有五位公共管理学界的权威专家发言。复旦大学的竺乾威教授认为"政府结构与政党关系"是公共管理的大问题之一，并对政府结构与政党关系的形成历史、党政分开和党政合一的改革、政府结构类型与问题、党政关系权力配置等内容进行了阐释。北京大学周志忍教授指出，公共管理应关注"党和国家机构改革"这一大问题，而政府机构改革应当关注结构优化和定性合理化两个关键维度。中国行政管理学会常务副会长兼秘书长鲍静研究员指出公共管理学科设置与话语权、学科基础与平台建设、人才培养与储备战略等核心议题是当代公共管理学界应该关注的"大问题"。中国人民大学张成福教授认为，我们时代的"大问题"是人的问题，公共管理的"大问题"应该回归到对于人的命运与人类命运的关注。陕西省文化与旅游厅党组书记、厅长任宗哲教授指出，大数据下的社会治理要基于事实与个人理念的结合，在物联网开放式平台的支持下，政府应当推行更加主动开放的治理。

下午的主题报告阶段有四位专家分享了自己的看法。中山大学何艳玲教授认为，政府和政策是公共管理运转的主轴，并阐述了公共管理从哪里开始、到哪里去以及如何开始这三个大问题。西北大学刘文瑞教授指出，实现中西会通应被视为中国公共管理的大问题之一，认为公共管理的本土研究应当走出仅仅重视中国元素而放弃中国方法和中国架构的偏失。暨南大学颜昌武副教授阐释了公共行政学是不是社会科学、公共行政何种意义上是一门社会科学这一公共管理的大问题，指出我们应当超越中心主义的迷思，立足中国本土的行政实践与需求,寻求公共管理学理论建构的一般逻辑。西北大学张正军教授系统梳理了国内外公共管理"大问题"研究的进展和特点,分析了"大问题"研究的价值和启示,并基于"认同危机"和理论重建探讨了公共管理的选择与期许。

会议最后,西北大学公共管理学院院长曹蓉教授做了总结发言,她指出此次研讨会意在汇集公共管理学界的有道之士,聚焦"大问题",关注基础理论的研究和创新,从而推动公共管理学科的发展;并承诺将继续秉持质量导向、内涵发展的思路,将公共管理基础理论与"大问题"研讨会办成一个学术品牌。

[资料来源:季哲.第一届公共管理基础理论与公共管理"大问题"研讨会[J].中国行政管理,2019(8):160.]

第四章 公共事业管理专业课程体系

内容提要

科学的课程设计是实现人才培养目标的基本保证,公共事业管理专业课程体系是一个服务于专业培养目标、各课程间相互联系的有机系统。基于课程设计的思路和原则,本章详细介绍了公共事业管理专业的基础课程、核心课程以及实验与实践环节的具体内容。

第一节 课程体系及设计思路

一、课程的内涵

教育作为一种特殊的人类实践活动,其核心要素就是课程。课程是教育理论的一个核心部分。为了更好地认识我国高校公共事业管理专业的课程体系，必须先了解什么是课程。

如果说教育的实质是教育者与被教育者之间的互动，那么课程就是他们之间互动的媒介，没有这个媒介，就不存在教育。因此，课程是教育的一个重要分支和核心要素。教育的三要素是教育者、被教育者及将教育者和被教育者联系起来的教育中介，教育中介又包括教育活动的内容和方式，有形的教育内容通常以课程的形式来表现。我们可将课程定义为在学校教育中一定的培养目标指导下，在教师与学生的互动之中，由教师引导学生所应获取和习得的知识和技能而形成的一系列计划方案和活动，它是学校教育活动的一个重要和核心的组成部分。

二、课程体系的要素分析

课程是由多个环节所构成的，包括课程目标、课程内容、课程结构、课程实施和课程评价。各环节彼此独立，各自有不同的内容和特点，但各环节又彼此影响、相互约束（如图 4-1 所示）。课程体系的目标能否实现、功能能否得到发挥，取决于每一个环节是否正常，取决于各环节之间的配合是否良好。

图 4-1　课程体系要素

1. 课程目标

课程目标指的是课程本身要实现的具体目标，是期望一定教育阶段的学生在发展品德、智力、体质等方面达到的程度。学科领域的课程目标涉及某一具体学科在某一领域方面对学生成长与发展的预期要求,应具有较强的学科性,要充分体现学科自身的特色。

课程目标有以下特征:

(1) 课程目标体现出终结性的特点,但它同时体现出一定的过程性。其主要表现是:随着某课程目标的实现,新的、更高层次的课程目标将由课程实施的主体——教师和学生共同构建出来的,即课程目标也是一个动态的生成过程。

(2) 课程目标要体现层次性:课程目标应当是一个完整的系统,体现出学校对教学工作和学生教育整体、统一的规划,但是其内部又可以分为不同的层次,体现出层次性的特点。首先,课程目标系统内存在不同的层次,即培养目标、培养方案目标和具体课程的目标之间存在着层级性;其次,课程目标具有不同层次的内涵,"知识和技能""方法和能力""情感态度和价值观"这三个层次也是逐步提升的。

(3) 课程目标具有指向性和激励性:课程目标需要为教育活动指明方向,学校的整个教学都以此为依据,围绕着这个目标展开。同时,课程目标激励着教育活动的主体为实现既定目标而努力,体现出其激励性的特点。

2. 课程内容

课程内容指的是学校所开设的各个专业和学科的教学内容。它既可以指某一门学科的具体内容,也可以指某一专业下属的所有学科的所有内容,还可以指代学校所开设的所有学科的全部内容之和,或者某一组某一类学科的整体内容。课程内容在课程结构中占据核心地位,它能够反映和体现课程目标。高校在选择和确定课程内容时会受到来自文化因素、意识形态因素、学生因素等多方面的影响。不同的人对课程的本质会有不同的看法,这使他们对课程内容的理解和观点也有很大差异。知识本位的课程观是从知识的角度出发,认为在选择和确立课程内容时应当注重对学生知识和技能的培养与传授,学科内容要以学科价值为基本取向。经验本位和活动本位的课程观认为在选择和确立课程内容时应当从学生身体和心理发展情况出发,以此为客观依据。学科内容要以儿童为本位。还有一种社会本位的课程观认为选择和确立课程内容时应当从社会的现实需求出发,也就是说学科内容要能够服务社会,增进社会利益。实际上,社会意识形态对课程内容的确立发挥着重要的作用。

3. 课程结构

所谓课程结构就是为了实现既定的课程目标,学校应当开设哪些课程、如何对这些课程进行合理的安排。课程结构体现着学校的教育目标,能够反映出一定的价值观和思想观念。课程结构的特征表现如下:

(1) 课程结构需要从客观依据出发:课程结构从性质上看是一种人为结构,而非自然结构,是人们根据一定的课程原理设定的结果,必然有一定的客观依据。

(2) 课程结构体现出有序性特点:所谓有序性指的是构成事物的要素和部分之间按照一定的规则发生关系并且相互转化。课程结构的有序性指的是构成课程结构的各个要素和部分按照一定的规则相互联系、相互影响。它具体体现为空间上和时间上的双重有序性。

(3) 课程结构具有渐变性的特点:具体来说就是课程结构应当能够适应社会和学生不断变化的需求,课程要能够不断变化。要从社会的实际状况出发,针对新情况和新需求不断调整课程结构使其更加合理化。

4. 课程实施

从狭义的角度来理解,课程实施就是教学。广义而言,课程实施是将课程计划付诸实践,并在实践过程中进行调试以实现预期课程目标的过程,这个过程,实质上是课程中的人和事相互作用的过程。课程实施的内涵包括:一是课程实施是一个实践的过程,这个过程是事先设定的;二是课程实施的过程是一个复杂的、动态的非线性发展过程;三是课程实施是通过教学活动这一环节而得以进行的。

5. 课程评价

广义的课程评价指的是教育评价,按照一定的价值标准,通过系统地收集一定的信息对教育活动中受教育者的发展变化以及构成其变化的因素满足社会与个体发展需要的程度做出判断,并为被评价者的自我完善和有关部门的科学决策提供依据的活动。狭义的课程评价特指对课程计划、课程标准在改进学生学习方面的价值做出判断的活动或者过程,一般包括对课程目标、课程计划等核心内容。课程评价对象的范围很广,比较有代表性的观点认为课程评价的对象至少有四个方面:课程设计、教师使用的课程、学生成绩、课程系统。

三、课程设计的思路

1. 课程设计的内涵

课程设计是指一定学校选定的各类各种课程的设立和安排,其必须符合培养目标的要求,它是一定学校的培养目标在一定学校课程计划中的集中表现,规定课程类型、课程门类的设立,以及课程在各年级的安排顺序和学时分配,并简要规定各类各科课程的学习目标、学习内容和学习要求。

课程设计主要包括合理的课程结构和课程内容。合理的课程结构指各门课程之间的结构合理,包括开设的课程合理,课程开设的先后顺序合理,各课程之间衔接有序,能使学生通过课程的学习与训练,获得某一专业所具备的知识与能力。合理的课程内容指课程的内容安排符合知识论的规律,课程的内容能够反映学科的主要知识、主要的方法论及时代发展的要求与前沿。

公共事业管理专业课程体系是一个服务于专业培养目标、各课程间相互联系的有机系统。在这个系统中,应使各门学科相互补充、相互促进,充分发挥整体效用,形成最佳结构,即课程设置应穷尽公共管理的一切领域,避免基础知识的疏漏;同时,又要规范每门课程的教学大纲,做到"独立而排他"。

2. 课程总体架构

公共事业管理专业课程设计应包括普通教育、专业教育、实验和实践教育三个部分,其课程架构见图 4-2。

普通教育课程是指除专业教育之外的基础教育课程。如果说专业教育旨在培养学生在某一知识领域的专业技能和谋生手段,那么普通教育则要通过知识的基础性、整体性、综合性、广博性,使学生拓宽视野、避免褊狭,培养独立思考与判断能力、社会责任感和健全人格,教化他们学会做人。普通教育课程包括自然科学与技术基础和人文社科基础课程。

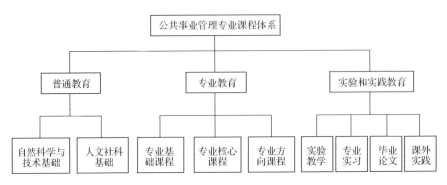

图 4-2　公共事业管理专业课程架构

专业教育是使学生掌握必要的专业基本理论、专业知识和专业技能,了解本专业的前沿科学技术和发展趋势,培养分析解决本专业范围内一般实际问题的能力,其课程包括专业基础课程、专业核心课程和专业方向课程。

实验和实践教学是围绕该专业人才培养目标,通过合理的课程设置和实习等实践教学环节的合理配置,建立起与理论教学体系相辅相成、着重培养创新精神和实践能力的教学内容体系。一个较为完善的公共事业管理专业实验和实践教学环节应包括实验教学、专业实习、毕业论文和课外实践四个环节。

第二节　课程设计原则

针对目前全国各高校公共事业管理专业课程设置现状,同时基于公共事业管理专业人才培养目标,极有必要对公共事业管理专业课程设置的原则及其设置方法从一般意义上进行深入研究和探讨。

一、科学性原则

科学性原则是指课程设置既要符合专业培养目标,同时又要兼顾课程合理组合的原则。

公共事业管理专业的培养目标是培养具备现代管理理论、技术与方法等方面的知识以及应用这些知识的能力，能在文教、体育、卫生、环保、社会保险等公共事业单位行政管理部门从事管理工作的高级专门人才。因此，公共事业管理专业的主干课程应该而且必须围绕学生管理理论的掌握、管理技能的获得与提升以及管理方法的培养这一总体目标设置。与此同时，由于该专业的人才培养目标理论上主要为非营利组织的公共部门服务，因此课程设置必须兼顾学生对于非营利组织理论及其管理等的掌握和理解。

具体做法为：围绕公共事业管理专业培养目标的教育部规定的主干、必修课程，以及如政治理论课、数学、外语等通识类课程务必得到开设，且在整个课程体系中应该占据60%左右的课时，专业任选及实践性课程课时占据余下的40%左右。

其中，各门主干、必修课程的课时分配则应该向管理、法学类课程（如"管理学原理""政治学原理""公共事业管理学概论""行政管理""人力资源开发与管理"等）倾斜，这由公共事业管理专业的学科性质为管理学或法学，以及学生毕业后主要从事的工作性质所决定。此外，在专业任选课程的开设数量上则可以根据本校师资情况尽可能多地开设能够拓展学生哲学、社会科学知识的人文社会科学、哲学类课程，且其中又应以开设管理、经济类、法学类任选课程为主；实践性环节课程的开设则应以帮助学生认识社会、认识公共组织（其中又以公共组织中的非营利组织为主）及其管理以及理论联系实际，加深学生对主干课程理论原理的理解等为目标。

二、创新性原则

创新性原则是指既基于专业本身发展需要，又着力于学生创新意识和创新能力培养而增设不同于专业主干课程之外的相应新课程的原则，也可称为前瞻性原则。

任何一个专业均是根植于某一学科的发展，学科及其发展既为专业设置提供了坚实的基础，同时也为专业发展提供了强劲动力。任何理论的产生及其发展又源于现实实践的推动。随着国内外公共管理实践、非营利组织及其管理实践的快速推进和发展，学科理论也应该且必须是适时总结和概括鲜活的"常青的实践之树"成果，从而为公共事业管理的传统理论不断增添新的"血液"和内容,以确保公共事业管理理论不致落入马克思形容的"灰色理论"之窠臼。此外,我国目前创新型国家建设实践的不断推进也必然要求创新型高校建设与创新型人才培养同步推进,而高校创新型人才培养的直接举措便是适时开设着力培养学生创新意识和创新能力的相关课程。

三、社会需求导向原则

社会需求导向原则是指课程设置必须满足学生的就业需求从而满足社会现实需求的原则,因此,又可称之为课程设置的学生就业需求导向原则。

随着1999年高校扩招政策的启动与实施,我国高校中除了少数专业性极强的毕业生就业去向较为对口外,绝大多数专业的毕业生就业去向都呈现出"天高任鸟飞,海阔凭鱼跃"的各显神通的状态,或者说毕业生的就业与其所学专业呈现出吻合度不高的现实状况。此外,我国高等教育大众化时代的到来,使得大学生就业早已成为"买方"市场。因此,各种职业证书也是学生就业的"必要条件",这些也要求学校尽可能多地开设利于学生获得职业证书的相关知识课程。

诚然,就公共事业管理专业的培养目标而言,学生的就业去向应该是在文教、体育、卫生、环保、社会保险等公共事业单位行政管理部门从事管理工作。但是,从笔者所在高校公共事业管理专业毕业生连续两年的就业情况分析,真正到所属专业培养目标性质单位者实际上寥寥无几,而大部分毕业生日后所从事的职业都是泛管理类职业。因此,从高校和专业培养人才的最终目标来看,毕业生就业率的高低在一定程度上反映出高校及其所在专业受到社会承认程度的高低。如果某一专业的大多数学生通过四年大学学习且达到培养目标却最终难以成功实现就业,那么应该说这是对学生的一种耽误和不负责任,而另一方面则同样预示着所在高校继续开办该专业的合理性的丧失。

为了更好地实现专业培养目标和完成高校培养人才的任务,高校有责任开设一些面向毕业生就业需求的、对毕业生成功实现就业或深造有着切实帮助的课程。从我国高校公共事业管理专业毕业生就业或深造的相关情况来看,该专业毕业生的主要去向有泛管理类职业、参与国家公务员招考、攻读管理或经济类硕士学位等。因此,高校在设置课程时应该开设数量相对较多的经管类课程(如"宏观经济学""微观经济学""非营利组织管理学"等)以及公务员考试培训类课程(如"申论""公务员应试基础知识"等),以应对学生的就业需求,增强其就业竞争力以及满足其进一步深造的现实需求。

四、专业方向课程设置原则

专业方向课程设置原则是指高校在设置专业课程时,在力保教育部规定的专业主干和基础课程得到开设的前提下,尽可能开设本校特色学科与公共事业管理学科相结合的交叉性或概论性课程。由于开设的这些课程所独具的本校特色,这一原则也可称为共性与个性结合基础上的突出个性原则。

在我国开办公共事业管理专业的高校中,尽管从总体上来看高校类别大体只能分为几类(如综合类、工科类、农学类、医药卫生类、艺术体育类等等),但是由于每一所高校自身的学科资源、特色、优势以及教学资源禀赋不一且各异,因此尽可能地根据本校学科资源和师资资源优势和特色开设具有本校特色的概论性或交叉性课程,既是可能的且是能力所及的,又是发挥本校资源优势、使专业课程更具特色化的现实需求,同时更是拓展学生知识面、增强其就业竞争力的迫切需要和重要举措。具体涉及各个高校此类课程的课程名称、课时数、课程类别性质等的确定,则在力保由系、院、校三级教学管理部门的统一规划、审核前提下,在本校范围内选择授课教师,让教师"八仙过海,各显神通",充分发挥其积极性和主动性。

五、实践性原则

实践性原则是指在专业核心课程得到充分开设的前提下,以理论课知识和原理为基础,加深学生对理论课程原理的理解,提升其运用理论知识解决实际问题的能力而开设相关实践性课程的原则。该原则由于贯彻和体现了理论与实践相结合的实践精神和思想,因而又可称为理论联系实际原则。

坚持实践性原则开设相应的实践性环节课程,与其说是由教育部对任何本、专科专业规定务必有相应的实践性环节课程设置所决定,倒不如说是由学生的成长、发展和毕业后快速适应社会以及理论回到实践中接受检验、加深学生对所学课程理论知识原理的认识所决定。因为高校的三大功能之一,也是最为主要的功能便是培养人才,而培养的人才(即高校毕业生)最终必须走向社会、服务社会且应该得到社会的充分承认。因此,为了使高校毕业生得到社会的承认,应让他们尽可能早地接触社会、了解社会,尤其是对日后所从事的职业或工作单位性质有着充分了解。

此外"纸上得来终觉浅,要知此事须躬行"的古训也告诉我们,唯有使学生将理论知识和原理尽可能运用于实践和社会,才能加深学生对于"纸上知识"的充分、深入理解,最为直接而功利的作用则充分体现在对于学生求职的过程中。通过实践性环节课程的教学,学生凭借其对于专业对口的相关行业(职业或单位)的理论、实践两个方面的双重认识和理解,为参加相关对口单位招聘的考核、面试等奠定了相应基础;另一方面,实践性环节课程的教学也为部分学生通过学习该类课程而最终成功地被所实践单位或部门录用提供了契机和条件。

当然,上述课程设置的五个基本原则,其相互之间也存在着必然的联系,且各自的地位和作用也不同。其中,科学性原则和实践性原则不仅是基本原则,而且还是坚持社会需求导向原则与专业方向课程设置原则的基础和前提。唯其如此,才能保证公共事业管理专业课程设置的系统性、完整性和目的(实践)指向性。此外,科学性原则与实践性原则又有着互为前提的关系,两者的关系有着理论与实践之间的相互作用关系特征。创新性原则则始终贯穿和渗透于其他四个原则之中,贯彻和实施任何其他原则都必须坚持创新性原则,此乃整个专业课程体系充满生命力的源泉,其由社会及其实践发展、学科理论发展、学生成长需求等诸多因素所综合决定。社会需求导向原则的贯彻实施既是为了满足学生就业需求的现实需要,同时也是对高校功能实现是否获得社会承认的检验。专业方向课程设置原则则是发挥高校特色优势、贯彻特色与优势资源办学方针以及培养通、专结合的人才的基本要求。

第三节 基础课程与核心课程介绍

一、基础课程

1. 自然科学与技术基础课程

(1) 大学信息技术基础:随着计算机信息技术的快速发展和计算机应用的日益普及,该课程已成为高等学校普遍开设的公共基础课。该课程由两个部分组成:一是理论知识部分,主要介绍计算机信息处理方面的基本概念、原理和技术,采用课堂教学的形式,是必修课;二是实践部分,重点是计算机的操作及常用软件的使用,采用实验课的形式。

(2) 高等数学:该课程是公共事业管理专业的重要基础课。要求学生通过该门课程的学习,初步掌握学习后继课程所必备的数学基础知识及常用数学方法,具有一定的抽象思维能力和逻辑思维能力,具备相应的数学运算能力和运用数学知识解决简单实际问题的能力。本课程以课堂讲授为主,内容包括一元微积分、多元微积分、微分方程、无穷级数等。

(3) 线性代数:线性代数这一数学工具在经济科学、管理科学中有着广泛的应用。著名的投入产出模型就是以线性代数理论为基础的。学好这门课程不仅对学习后续课程是必不可少的,而且对掌握现代经济理论并应用于实际也是很有必要的,尤其是在计算机日益普及和广泛应用的今天,该课程的地位与作用更显重要。该课程按54学时设计,以课堂讲授为主,可根据实际情况,结合数学建模,培养学生的动手能力及发现问题和分析解决问题的能力。

(4) 概率论与数理统计:概率论与数理统计是一门研究随机事件规律性的学科,通过对本课程的学习,使学生掌握处理随机现象的基本思想和方法,培养他们运用概率与数理统计的方法去分析和解决有关实际问题的能力,并为今后学习专业课打下必备的基础。

2. 人文社科基础课程

(1) 思想道德与法律基础：本课程属于高校公共政治理论课的第一门课。通过本课程的学习，要求学生养成正确的政治观、道德观和法制观，为接下来继续学习其他几门高校公共政治理论课打下基础，同时也为自己的自我修养及拥有健康的人生打下基础。本课程以教师讲授结合课堂的学生体验环节，共同实现课程的既定目标。

(2) 中国近现代史纲要：通过讲授19世纪中叶以来的近现代历史，使青年学生更好地把握这段历史。通过借鉴历史，思考和探求中华民族赖以走向近现代化的历史文化的内涵，培植既不骄傲自大又不妄自菲薄，既自信又虚心的新民族文化心理特质，使我们减少前进道路上的曲折，顺利走向富强、民主、文明的明天。

(3) 马克思主义基本原理概论：通过对本门课程的学习，向学生宣传马克思主义的基本原理，帮助学生树立建设中国特色社会主义共同理想和共产主义崇高理想，弘扬爱国主义、集体主义、社会主义，形成科学的世界观、人生观、价值观，使学生跟党和人民的根本利益保持一致，更好地为中华民族的繁荣富强服务。

(4) 毛泽东思想和中国特色社会主义理论体系概论：该课程着重讲授中国共产党把马克思原理与中国实际相结合的历史进程，充分反映马克思主义中国化的三大理论成果，帮助学生系统掌握毛泽东思想、邓小平理论和"三个代表"重要思想基本原理，坚定在党的领导下走中国特色社会主义道路的理想信念，培养学生运用马克思主义的立场、观点和方法分析和解决问题的能力，增强执行党的基本路线和基本纲领的自觉性和坚定性，积极投身全面建设中国特色社会主义的伟大实践。

3. 专业基础课程

专业教育中基础课应当以公共事业管理工具性课程为主，主要讲授各个专业方向都必须掌握的基础性知识。

(1) 西方经济学：现代西方经济学是对西方国家市场经济活动规律和特点的理论概括，特别是分析总结了市场机制条件下经济的运行状态以及政府、厂商和消费者的经济行为，并提出了一些宏观经济和微观经济的管理方法。西方经济学分为微观经济学和宏观经济学两大部分。微观经济学是研究市场经济体制下个体单位的经济行为从而产生的许多经济理论。微观经济学的主要内容包括价格理论、消费者行为理论、生产理论、成本理论、市场理论等,对于研究和探索现代企业经营管理具有重要意义。宏观经济学的主要内容包括国民收入核算、国民收入决定、产品市场和货币市场的一般均衡、宏观经济模型、宏观经济政策分析等宏观经济学的基本理论,传统的宏观经济理论和当代宏观经济学的发展。

(2)管理学:主要是从一般理论、一般原理、一般特征的角度对管理活动加以研究,从中找出一般规律性。因此,也称一般管理学或管理学原理,是公共事业管理专业重要的专业基础课,也是考研的重要专业课之一。

(3)统计学:统计学是为大学经济与管理学科各专业学生开设的一门必修的重要基础课。它研究如何用科学的方法去搜集、整理、分析国民经济和社会发展的实际数据,并通过统计所特有的统计指标和指标体系,表明所研究的社会经济现象的规模、水平、速度、比例和效益,以反映社会经济现象发展规律在一定时间、地点、条件下的作用,描述社会经济现象数量之间的联系关系和变动规律,也是进一步学习其他相关学科的基础。

二、核心课程

核心课程包括专业核心课和专业方向课程。专业核心课是体现公共事业管理教育体系核心内容的课程,专业方向课程则是在人才培养目标的引领下,基于办学主体的优势所开设的特色课程。

1. 专业核心课程

(1)公共部门人力资源开发与管理:本课程的教学使学生正确理解公共部门人力资源管理的概念,掌握公共部门人力资源管理的普遍规律、基本原理和一般方法,并能综合运用于对实际问题的分析,初步具有解决一般公共部门人力资源开发与管理问题的能力,培养学生的综合管理素质。

(2)公共组织财务管理:使学生明确公共组织财务管理的含义、目标和特点,认识做好财务管理工作对于促进公共组织生产经营、提高经济效益的重要意义;理解公共组织财务管理的基本内容,懂得各种公共组织财务活动的联系以及财务活动同其他经济活动的联系;在系统掌握公共组织财务管理的基本理论和基本知识的基础上,熟练掌握公共组织财务管理的各种业务方法,具有一定的财务分析和解决财务管理问题的能力,为公共组织经营决策服务,并为学习其他课程打下良好的基础。

(3) 公共政策学:通过本课程的学习,使学生能够在了解公共政策学的发展和演进历史的基础上,深刻理解公共政策的基本概念、理论框架和基本要素。并通过大量的案例分析使学生掌握公共政策分析的价值观念、思维方法、模型路径,掌握具体的决策与分析技术,熟悉公共政策制定的主体和途径,了解我国公共政策制定中的主要历史经验、教训。以期学生具备初步的公共政策问题界定能力、公共政策方案编制和抉择能力、公共政策执行能力和公共政策评估能力,能够较好适应我国公共管理实践要求。

(4) 公共经济学:本课程以马克思主义经济学和现代经济学的基本方法,着重介绍公共经济学的基本概念、基本理论和分析方法,在此基础上讨论与现实密切相关的公共经济问题,最终的归宿是分析和评价公共经济政策。本课程强调公共经济学在经济学学科体系中的特殊性,同时强调公共经济学在公共管理专业课程体系中的方法论性质,将公共经济学的学习与提高分析和解决公共经济问题能力的目标结合起来。培养学生对公共经济主体、公共产品、公共选择、公共支出、公共收入、公共分配、公共经济政策、公债、公共经济管理理论与方法的理解,具备从事公共管理的能力。

(5) 公共事业管理概论:公共事业管理学是研究公共事业管理现象及其发展规律的科学,其内容和任务主要是从理论上阐述公共事业和公共事业管理的基本范畴和原理以及公共事业管理的体制和方法等,同时,围绕着"管什么""谁来管""怎么管""管得怎么样"以及"进一步该如何管"五个问题,深入分析公共事业管理的对象、主体、方法、评估监督以及改革与发展,帮助学生系统地了解和掌握公共事业管理的基本原理,引导学生的创造性思维,培养学生对公共事业管理专业的深厚认识和浓厚兴趣,促进学生理论素质和认识问题、分析问题以及解决问题能力的提高,为其他公共事业管理课程的学习打下牢固的基础。

通过本课程的学习,要求学生掌握管理信息系统的基本概念,熟悉管理信息系统的技术基础以及系统的开发流程、方法等,结合教学演示软件了解管理信息系统的实际应用,更好地理解课程内容,掌握操作和使用方法,发挥应用能力,做到理论联系实际。

2. 专业方向课程

根据学科性质和社会发展的需要,公共事业管理专业设置了文教、卫生、体育、环保、社会保险等专业方向,专业方向课程体现了各高等院校对该专业的定性、定位以及培养人才的方式、目标、规格的差异性,不好一概而论。即使是同一个专业方向,以医学院校的公共事业管理(卫生事业管理方向)为例,由于办学主体(公共卫生学院、管理学院、人文社会科学学院等)及自身的条件有别,在课程设置上仍然缺乏全国统一的标准与规范。

第四节 实验与实践教学

一、实验教学

公管专业的实验教学必须以强化训练专业实用技术为特征,以利于培养学生技术应用能力、分析和解决实际公共管理问题的能力。有鉴于此,实验教学子系统以培养专门的实验技术能力为目标,验证性的内容应大为减少,按照从初级到高级等的认识和实践过程构成一种能力体系。

公共事业管理专业是从行政管理学母体中脱胎出来的以政治学和经济学为学科基础形成的一门新兴管理学科。在科学技术日新月异、信息交流和管理技术不断发展的今天,公共管理人才要适应社会信息化和管理现代化的工作环境,仅靠传统的计算机基础教育是远远不能解决问题的,应该在公共事业管理专业课程教学中系统地融入新技术、新知识和新思维,以信息技术为平台,专业化软件为工具,建设专业实验室。公共事业管理专业实验室可以进行两类实验课程的教学。一方面,针对该专业的许多核心课程如管理信息系统、管理定量分析、管理经济学、公共财务、人力资源开发与管理、行政学等必须进行单科性课程实验。这些课程有很强的技术性和操作性,需要安排专门的课程实验,才能够使学生做到理论联系实际,加深和强化学生对该门课程的理解和掌握。这些实验的安排应该与课程课堂教学同时进行。另一方面，必须开展综合性的专业实验，即通过创立仿真模拟实验系统，给学生提供一个高效的模拟实验实训环境，使学生能在一个仿真的环境中体会公共事业管理专业课程实务业务流程，帮助学生在一个较短的时间内全面、系统、规范地掌握从事专业实务的主要操作过程，并且从多个方面去理解和熟悉相关实务和各种标准。这种形式的目的在于培养学生根据所学的各门课程知识进行综合性的实务操作，培养他们的适应能力、协同能力、判断能力、创新能力。专业实验不是针对某一门课程而言，而是对所学的各门课程知识的融会贯通，所以不仅涉及上面提到的核心课程，而且涉及该专业的其他知识。

二、专业实习

专业实习是全面综合训练学生实际工作能力的一个重要环节。通过实习，使专业理论密切联系实际，增强学生的感性知识，培养学生的实践能力，使学生得到一次实践锻炼，这样，在毕业后走上工作岗位能够较快、较好地适应本专业各项工作。公共事业管理专业实习应根据不同专业方向选择不同的实习内容，普遍涉及的是管理学实习、公共事业管理专业实习、人力资源管理与开发、应用软件培训等。

专业实习最主要的形式是毕业实习，毕业实习一般在公共事务管理实务部门进行，其主要目标是要求学生较独立地创造性地开展工作，较熟练地扮演公共事业管理者的角色，把所学专业知识、理论和技巧转化为良好的专业素养，较系统地运用于实习工作中，并了解和熟悉就业环境，为就业后适应社会打下基础。受于很多客观条件的制约，许多高校本专业现行的毕业实习方式是分散实习，要求学生自己联系实习单位。由于目前我国公共事业管理组织发展滞后，靠学生自己的能力在社会上找到对口的实习单位有很大的难度。各高校应设置专门机构和专人负责，为学生联系比较固定的校外实习基地。在实习过程中实习基地应根据实习单位岗位的情况安排实习学生承担某一岗位的具体工作，以增强学生的责任意识，全面检验和锻炼学生各方面的能力。

三、毕业论文

毕业论文是培养学生综合运用所学知识解决实际问题能力的重要方式。这一过程主要包括了以下五个阶段：第一，毕业论文选题。应结合实际，以揭示有关公共事业管理规律、解决现有的或潜在的公共管理中存在的问题为目的，只要是公共事业管理专业教学所涉及的内容都可作为毕业论文选题的范围。论文选题一般要求在第七学期末完成，其间，导师要拟出多于学生人数50%的论文题目供学生选择，学生要查阅大量的资料、文献，了解选题研究领域的国内外基本情况，尽可能使选题具有新颖性、创造性和可行性。第二，拟定大纲。毕业论文选题确定后，导师要向学生介绍学术论文的类型、结构和写作方法，在导师的指导下，可安排1周时间拟定论文大纲和制定完成论文的技术路线。第三，撰写初稿。要求学生根据论文的选题和大纲进行深入细致的调查研究，收集并分析资料，按学术论文的要求撰写出规范的毕业论文。第四，定稿。学生完成论文初稿后，导师要对论文进行初步审查，提出修改意见，再由学生认真修改完善后定稿，按照学校统一要求装订成册。第五，答辩。为了训练同学们对论文的表达能力，创造一个相互学习、相互交流、取长补短的平台，所有毕业论文都要求进行答辩。

四、课外实践

1. 课外实践的基本内容

课外实践主要是在教学体系之外要求学生参加的实践环节，包括暑期社会实践活动、社会管理调研专题研究、案例分析等。为了鼓励学生积极参加社会实践活动，在培养方案中设计相应的课外实践学分，学生完成该环节则能够获得相应学分。由于本科生进行实践活动仍存在一定的盲目性，因此，教师指导或负责带队，并制定一定的社会实践计划，有针对性地分组对有代表性的公共事业管理单位或高校实习基地进行调研或专题研究。指导教师要提前引导学生参与到实践活动中，指导学生查阅文献资料，了解学科前沿，发现实际应用中的问题，提出解决问题的方案。这样不仅操作性强，而且学生更有兴趣，完成的调研报告有一定深度。

2. 创新创业教育实践

党的十九大指出要加快建设创新型国家。创新创业教育是时代发展的主旋律。建设创新型国家,关键是培养创新型人才,基础是加强创新创业教育。当前,在创新创业背景下,高校越来越注重学生创新创业能力培养,增加创新创业实践教学的比重。

(1) 创新创业教育的意义:《国家中长期教育改革和发展规划纲要(2010—2020年)》提出要提高自主创新能力,建设创新型国家,要实施扩大就业的发展战略,促进以创业带动就业。开展大学生创新创业教育,顺应时代潮流,符合国家战略。创新创业是我国经济发展的重要引擎和推动力。开展大学生创新创业教育,是高等教育改革和发展的需要,把创新创业理念融入专业教育,有利于创新高等教育人才培养模式,增强大学生的创新精神和创业能力。高校开展创新创业教育不仅能培养和提高大学生的职业技能,提升大学生的就业竞争力,还能为社会创造工作岗位,拓展大学生职业发展空间,增强职业竞争力。

2012年,党的十八大报告论述了高校创新创业教育改革的实施意见。2015年,国务院办公厅发布了《关于深化高等学校创新创业教育改革的实施意见》。2017年,教育部出台了《普通高等学校学生管理规定》,对学生参加创新创业、社会实践活动等可折算成学分做了说明,实现创新创业教育与学分对接。同年,教育部宣布200所高校成为深化创新创业教育改革示范高校。近年来高校越来越注重学生创新创业能力培养,增加创新创业实践教学比重。

(2) 公共事业管理专业创新创业教育:公共事业管理专业是一门实践性、应用性很强的学科。应推进公共事业管理专业实践教学体系建设,将科学的教育观念融入创新创业教育,将创新创业教育与高校公共事业管理专业相融合,在教育、体育、文化、科技、卫生、公共住房、社会保障、公共交通、公共环境、公共资源、公共安全管理等专业领域培养大学生的创新精神、创业意识、创新创业能力和适应性,满足社会的需要。应改变传统就业的思维模式,高校毕业生不仅是求职者、岗位接受者,更是岗位创造者。应在"大众创业,万众创新"背景下,以创业带动就业,让更多的大学生成为创业者。

高校通过设立系列化创新创业课程讲座和模块,如创新创业认识与职业生涯规划、管理领导才能与心理素质、创业实践软件模拟演练等,开设思想性、方法类课程,以解决目前课程内容重知识、轻方法的问题。组织引导学生参加各级各类大学生创新创业计划大赛、创新创业实践岗亭实战等,并对学生进行创新创业学分认定,把公共事业管理专业知识和实践紧密结合,培养和提升学生的综合素质、实践能力、管理技术和创业技能。

国家级大学生创新创业训练计划内容包括创新训练项目、创业训练项目和创业实践项目三类。创新训练项目是本科生个人或团队在导师指导下,自主完成创新性研究项目设计、研究条件准备和项目实施、研究报告撰写、成果(学术)交流等工作;创业训练项目是本科生团队在导师指导下,团队中每个学生在项目实施过程中通过扮演一个或多个具体的角色,开展编制商业计划书、开展可行性研究、模拟企业运行、参加企业实践、撰写创业报告等工作;创业实践项目是学生团队在学校导师和企业导师共同指导下,采用前期创新训练项目(或创新性实验)的成果,提出一项具有市场前景的创新性产品或者服务,以此为基础开展创业实践活动。

(3)创新创业教育实践教学管理和保障:建立健全创新创业教育实践教学组织领导机构,将创新创业教育实践教学纳入公共事业管理专业人才培养计划中,积极建设创新创业教学基地、实验基地、实习基地等,加强"双师型"队伍建设。构建创新创业教育实践教学管理和保障体系,以管理创新保障实践教学质量,构建制度化、程序化、科学化的创新创业教育实践教学质量管理和保障体系,明确不同部门、不同岗位在创新创业教育实践教学质量管理中的责任,各部门形成合力、通力合作,为创新公共事业管理专业实践教学保驾护航,将公共事业管理专业创新型人才培养落到实处,切实提高公共事业管理专业人才的培养质量。

思考题

1. 简述基础教育和专业教育课程之间的联系和区别。
2. 你所学的公共事业管理专业方向有哪些核心的专业方向课程?
3. 实验和实践教学的目的是什么?有哪些环节?
4. 了解你所在的学校有哪些创新创业的实践活动。

拓展阅读

美国高校公共管理类专业本科课程设置

根据美国权威教育排名网站 USNEWS 的排名,雪城大学(马克斯维尔公民与公共事务学院)和印第安纳大学(伯明顿分校)的公共管理类专业排名位居前列。雪城大学的公共管理类专业设置在马克斯维尔公民与公共事务学院,这所学院目前是世界上最好的研究公共事务的学院之一,而印第安纳大学的公共管理类专业设置在公共和环境事务学院,学院1972年创建,是世界上第一所将公共问题、环境科学和政策进行交叉探讨的学院。本文通过介绍美国知名大学中公共管理类专业本科阶段的课程设计和实践教学体系,为优化我国大学公共事业管理专业本科阶段的课程设计和实践教学过程提供有益借鉴。

一、美国公共管理类专业本科课程设置

通常来说,美国本科生阶段的课程设置分为核心课程和选修课程。在雪城大学,学生必须完成18学分的核心课程,在此基础之上,专业又分为4个大的方向,分别为:环境保护、政府和商业、健康教育公民服务、社会和法律体系。学生需要选择并完成4大方向上共12学分的课程,但同时不得在一个方向上研修超过9个学分的课程。在印第安纳大学,公共管理类专业直接分为了7个专业方向,分别为:环境管理、公共人力资源管理、法律和公共政策、公共管理、政策分析、公共财政管理、公共部门和非营利部门管理。每一个专业方向的学生必须学习规定好的专业必修课,同时有诸多选修课可供学生选择。当然,每一个专业方向的课程设置都不尽相同,专业设置充分考虑了每一个专业的特点,且安排了大量的实践教学活动。

在课程安排设置上,以环境管理专业为例,雪城大学的环境管理专业的核心课程为:经济思想和问题、美国社会的重要问题、社会科学量化分析、公共政策分析基础、公共政策分析和报告方法、社区管理标准、政府和非营利组织、专业实习。印第安纳大学的环境专业的核心课程为:国家和国际政策、城市问题和解决、法律和公共事务、政府财政和预算、职业发展规划、专业实习。

二、美国的公共管理类本科专业设置的特点

(一)美国大学课程内容紧贴实际、重视应用

以雪城大学为例,其本科4个专业方向中都包含有地理信息系统、社区管理标准、政府和非营利组织、基层政府和政策、慈善和非营利、房屋供给、社区问题解决这7门专业课程,这几门专业课程都是为了应对公共管理的基础问题而开展的,但同时又是具有实际操作可行性的课程。例如地理信息系统,就是讲授如何通过地理信息系统这类管理信息系统获取相关基础数据,并通过地理信息系统的分析组件获取有关决策的详尽信息,并且对未来有可能出现的人口、资源、环境的不协调或者未来的发展趋势做出预测,以期更精确地解决社区公共事业中出现的问题。而类似于社区管理标准、房屋供给、社区问题解决这三门课程,在我国的公共事业管理专业设置中,只有社区管理概论一门与之相对应,而一般性的概论课程大体都是对一门知识学科理论体系的整体介绍,并不深入到具体的实际应用中。

(二)学科交叉性设置

公共事业在我国被认为是一门文科课程,所以我国公共事业管理专业在专业设置上有大量的文科课程安排,往往忽略了自然科学在公共事业管理学科中应起到的作用。公共事业管理本身作为一门交叉学科,需要联合不同学院、不同专业的力量进行学习。例如印第安纳大学在课程设置上,加入了大量自然科学课程:应用生态学、水资源介绍、昆虫和环境、湖沼学、环境科学技术、环境毒理学介绍、地下水水文学基础、地理信息系统、应用远程环境遥感、水资源供给和废水处理、湿地——生态学和法规、大气污染控制、固体和有害废弃物管理、湖泊和流域管理陆地栖息地分析、水生栖息地分析、生态保护区介绍、保护生物学介绍、渔业和野生动物管理、渔业和野生动物管理实验室,这些课程不只由一个学院提供,可能会涉及多个学院、多个专业。

(三)指导员指导学术选择

课程有翔尽的专业方向分类,学生在选课的时候会有专门的指导员进行指导。在美国的大学制度中,通常会专门设置一两位导师对学生在选课、职业发展规划方面存在的问题进行指导。而这类导师通常具有非常丰富的专业知识,同时又与社会企业、组织联系密切,较为了解社会实际需求。这

类导师的设置,可以最大程度优化学生选课流程,解答职业发展规划的问题,并提出良好的建议将职业发展规划和学生的兴趣爱好有机融合到一起。

(四)"学术丰富计划"

丰富的与课程专业相关的活动让学生更好地将所学用于实践并反思所学。以印第安纳大学为例,针对本科阶段公共事业专业的学生,学院一共提供了12种不同的项目供学生参与,这12种项目统称为"学术丰富计划"。这12种项目分别为:

1. 海外教育项目:与海外学校合作,将学生派往海外学习交流。

2. 公民领导者中心:针对大一新生提供的住宿—生活—学习的三位一体项目,如果大一新生对领导力、公共政策感兴趣,希望世界变得更好,就可以申请加入公民领导者中心,与其他的优秀人才在一起学习生活,并建立起长期的友谊。

3. 华盛顿领导者计划:将"国会山",即美国的政治中心作为学习的课题,在相关的机构实习一个学期。通过实习,建立起相应人脉,获取学分并且寻找未来工作的机会。大学已经联系13个机构,学生必须申请以得到实习的机会。这13个机构包括:美国空军语言文化办公室、美国国家和社区服务公司、国土安全部、环境保护部、美国众议院、美国政府问责办公室、政府预算管理办公室、美国和平部队、国家流浪者救助联盟、美国白宫办公厅、民主党全国委员会、美国反诽谤联盟、联合国世界粮食署。

4. 学术组织:学生可以自由参加相关的学术、科研、公益组织,这些组织为学生提供了学习的纽带和桥梁。大学与诸多组织,如国际公共管理学会、美国志愿团、教育政策学生联合会、印第安纳大学人力资源联合会、健康管理政策学生联合会等建立起了良好的联系。

5. 优秀学生项目:成绩优异的学生在修满一定学分后可以额外选取高级课程学习并加入学院教授的研究团队,参与研究项目,为日后的硕士阶段学习或者博士阶段学习打好基础。

6. 应用研究项目:如果学生对应用政府和公共管理的手段解决经济、法律、政策、环境和社会问题感兴趣,可以申请这个项目,这个项目可以接触到诸多在以上领域的顶级政府和公共管理专家,同时学生可以与来自各个组织的专家、学者深度接触,有助于构建关系网络,助力未来的职业发展。学生需要承诺在不同的学期参加 5 门高等级课程的学习,为小班教学。

7. 一般性实习:学院与大量的机构建立起了实习联系,可以通过学院的实习申请系统进行在线申请。

8. 专业发展实习:学校的本科生管理办公室提供本城市内大量公立和非营利机构的专业实习机会,学生参加这些专业实习可以拿到丰厚的工资。

9. 硕士加速计划:本计划为最优秀的学生提供提前接触顶尖大学硕士研究生项目的机会。

10. 美国志愿队夏季项目:在暑假加入诸多非营利组织,获得宝贵的学习机会并让世界变得不同。

11. 模拟联合国:模拟联合国的模式,讨论一系列重要的问题,并在课题或者模拟联合国俱乐部中模拟谈判、协商、外交和学习公共辞令技巧。

12. 印第安纳大学辩论项目:参加印第安纳大学辩论队,与来自全国其他高校的同学一同参与辩论赛,同时学习公共演讲、研究辩论和批判性思维技能。

我国公共事业管理本科专业起步较晚而发展迅速,但是面临着可利用资源不足,整体发展思路不清晰,学科设置不尽合理等诸多问题。国外公共事业管理类本科专业的经验,可以对我国公共事业本科专业起到一定的示范作用。但由于不同国家的国情、政体等诸多因素存在着大量的差异,我国需要依据具体的情况去合理借鉴国外的优秀经验,发展具有中国特色的公共事业管理专业。

[资料来源:陈佳志.浅谈美国高校公共事业管理本科专业设置[J].内蒙古师范大学学报(教育科学版),2015,28(9):57-59.]

第五章 公共事业管理专业教学安排及学习方法

 内容提要

本章对公共事业管理专业的教学安排及学习方法进行了介绍。公共事业管理专业的教学内容主要包括理论讲授和案例分析,教学方法有教师讲解、交流探讨、演示示范、模仿或模拟。教学环节包括理论教学、自主学习、实践教学。学习方法有课前预习、课中听讲、课后复习、做作业和考试等一系列方法。本专业的考核包括平时考核与期末考核,具体形式分为考试与考查,计分方式有百分制和等级分制,分数与绩点、成绩评定办法也有特定要求。

第一节 教学安排

一、教学目标

本专业旨在培养系统掌握公共事业管理专业基础理论、基本知识、基本技能和综合应用知识的能力,具备宽广的国际视野、较强的创新意识,专业基础扎实,知识面广,综合素质高,能在文化、体育、卫生、环保、社会保障、公用行业等领域的公共事业单位、行政管理部门、非政府组织机构,尤其可以在医疗卫生机构、卫生行政部门和卫生经济评估部门等单位从事业务管理和综合管理工作的高素质应用型人才。

二、教学内容

1. 理论讲授

本专业方向学生主要学习现代公共事业管理基本理论、技术和方法等基本知识,辅之经济学、社会学、政治学、心理学、法学等多学科知识,受到一般管理方法、管理人员基本素质和基本能力的培养和训练,具有规划、协调、组织和决策等方面的基本能力。

通过理论讲授,使学生系统全面地掌握本专业的基本理论和基本知识,对本专业的内涵和外延有较为清晰的认识和把握,具备公共事业管理专业学习者的理论素养,具备对现实问题进行分析和处理的知识储备。

2. 案例分析

当今社会,公共事业管理的实践丰富多彩,这为公共事业管理专业的教学提供了大量的素材,有利于将公共事业管理的基本理论和基本知识加以深化分析和理解。本专业将结合课程体系的安排,结合教学需要和社会热点,选取一系列案例用于教学。

在案例分析中,首先选取部分案例用于教师的教学内容设计,将运用公共事业管理的理论和知识对案例进行介绍和分析,主要目的是促进学生对基本内容的理解。其次,还将选取一些案例,用于学生的自学和练习,通过案例分析,促使学生主动地去思考和理解。最后,由学生在自身知识框架的指导下,自主选择恰当的案例,解释分析具体的理论和现实问题,以达到融会贯通的目的。

三、教学方法

1. 教师讲解

讲解又称讲授,它是用教师的语言传授知识的一种教学方式。教师通过语言对知识进行剖析和揭示,剖析公共事业管理组织要素和过程程序等,揭示其内在联系,从而使学生把握其实质和规律。教师讲解有两个特点:其一,在主客体信息传输(知识传输)中,语言是唯一的载体;其二,信息传输具有单向性,从主体指向客体。

在教学中的知识综合、概括和总结阶段,讲解是必要和有效的,例如对公共物品概念及特征的讲解。应用知识时,通过讲解进行引导、定向也是有利的。此外,观看电影、录像、幻灯的解释和提示,组织实践活动的意义分析、问题说明和总结,讨论和自学的分析总结等,讲解这一教学方法会取得很好的效果。

亚里士多德在《尼各马可伦理学》中曾区分了人类认识事物和表述真理的五种知识形式:理论知识(episteme)、实践智慧(phronesis)、技术知识(techne)、理论智慧(sophia)和直观理智(nous)。教师讲授,首先经过了教师对教材的理解,这是教师将理论知识与自己的实践智慧相统一进而内化的过程。教师对教材理解不是固定不变的,而是随着教学讲解的进行、学生的理解和反馈不断发生变化的,而教学讲解也必然随着教材理解的变化而变化。公共事业管理专业的课程大多是实践性强的课程,与现实联系紧密,教师讲解的侧重点会随着实践的变化而变化。在教学讲解中,教师应该注意倾听学生的解释,因为学生可能从教师所忽视的某个视角来看待和解释。

2. 交流探讨

交流探讨是就某一问题交换意见或进行辩论,共同探讨研究并加以评论,彼此间把自己的观点提供给对方,相互沟通。师生之间、同学之间的讨论交流过程是互教、互学、彼此交流知识的过程,也是互爱、互助、相互沟通情感的过程,是新的教学理念的一种体现,所以在讨论交流教学中应充分发挥讨论的作用,使学生学会交流、借鉴、总结,学会互相帮助,最终达到共同进步的目的。尤其是公共事业管理领域,有很多问题没有确定的答案,很多政策只是利益协调的产物,对如何进行利益取舍,不同的人有不同的标准和观点,没有一定之规。因此,可以通过交流探讨的方式进行思维的交锋和观点的碰撞,加深对知识的理解和对现实问题的把握。

在讨论交流过程中,教师应深入到学生中去,听取学生的发言,并从学生发言中了解他们对各个问题的看法、认识,以及他们解决问题的思路和方法,通过对比,把握学生对哪些问题的认识存在着偏差,学生对哪些问题的解决方案不够完善,从而在师生交流时做适时的引导。在讨论交流过程中,学生应积极参与,提出自己的观点,认真倾听别人的意见,然后对别人存在的问题提出自己的解决方案供大家讨论分享,最后大家一起把这些问题总结、整合,达成共识。

在交流探讨过程中,学生应特别注意做到以下几点:① 发言要积极、主动,态度要端正。② 要努力在同学中奠定良好的人际关系基础。③ 要把握住说服对方的机会,谈话时要广泛吸收别人的语言精华。④ 发言的时候要注意讲话的技巧,并且言词要真诚可信,在辩论中要多想办法摆事实,讲道理,让自己的发言有说服力。⑤ 发言都要抓住问题的实质,言简意赅,在讨论交流的过程中,要努力充当讨论交流的领导者,发言时要考虑周到,不要冷落他人。⑥ 讨论时注意自己的仪态,不要因激动而失礼、失态。不能使用粗话,切忌随意使用外语和方言。⑦ 如果想要加入他人间的讨论首先应征得对方同意,听别人讲话的时候要全神贯注,讲述自己的观点要清晰诚恳,不贬低他人。

需要指出的是,在交流探讨中,每个人都需要积极参与讨论过程,这是讨论交流取得最佳效果的关键。公共事业管理的讨论在于有议有决,如果讨论交流变成个别学生之间的争论,出现议而不决的情况,就失去了交流探讨的意义。

3. 演示示范

演示法是教师根据教学目的和内容,通过呈现实物、模型、图片等直观教具或通过示范性操作实验和电教手段指导学生获得知识或巩固知识的教学方法。它常与讲授法、谈话法等结合使用,对提高学生的学习兴趣,发展观察能力和抽象思维能力,减少学习中的困难有重要作用。

根据演示材料的不同,可分为实物、标本、模型的演示;图片、照片、图画、图表、地图的演示;实验演示;PPT、录像、录音、教学电影的演示等。根据演示内容和要求的不同,可分为事物现象的演示和以形象化手段呈现事物内部情况及变化过程的演示。例如,可以通过已有的视频短片演示公共预算的编制过程等。

应用演示教学法,在演示前教师应制订翔尽的演示计划,仔细考虑演示时教师与学生的位置,清楚地说明演示目的;在演示中,教师应注意吸引并保持学生的注意力,演示步骤示范到位,讲解简洁、明确;演示后,教师应有相关的跟进工作,如提问、复习、重复演示等检查学生是否明白;让学生自己提出疑问;针对演示的要点进行总结,增进学生对相关技能的了解等,以便保证良好的演示效果。

学生在观看演示示范时,要注意把握现象背后的理论问题,能够透过现象看到事物本质,能够通过观看演示示范更好地实现学习的目的;应该保持注意力,紧跟教师或教学材料的逻辑;在演示示范之后,要积极地提出问题或回答教师的问题。

4. 模仿或模拟

模仿,也称为仿效,是指有意识地依照他人的言行举止方式进行自己的行动,是社会学习的重要形式之一。模仿练习作为一种学习方法,是指在教师指导下,学生模仿老师或者模拟扮演某一角色,或在教师创设的一种背景中,进行技能训练和调动学生学习积极性的一种典型的互动教学法。例如,可以分小组,模拟公共政策出台的政策听证会现场,由学生扮演不同的角色,从政策主体或政策客体的视角去分析公共政策的利弊。模拟练习教学方法使学生主动地参与教学过程,加强师生之间、生生之间的相互合作与交流。模拟教学的意义在于创设一种和谐、身临其境的教学环境,拓宽教学渠道,增强教学的互动性,构架起理论与实际相结合的桥梁,促进教学相长。

模拟教学主要有以下几个环节：① 模拟主题的确定。在确定主题时既要与教学内容契合，又要具备可操作性。如"行政管理学"课程在讲解到"行政决策"章节时可采用"头脑风暴法"进行模拟，让学生在动态实践中感受到行政决策过程中的思想交锋和理性妥协。② 模拟方案的设计。在主题确定后，师生共同讨论、制定情景模拟的实施方案。模拟方案的设计需要明晰整个模拟过程的操作流程，让学生了解情景模拟的目的与价值，侧重于让学生在仿真体验中认知现实。③ 背景材料的准备。在工作开始前教师会充分讲解该项情景模拟的理论知识及应注重的细节问题，引导学生掌握资料搜集的方法和实战技巧等。同时教师会预设情景模拟过程中可能出现的困难和问题，做到心中有数。如在听证会模拟中，可组织学生先旁听或观看听证会视频，了解听证会的目的、程序和过程。④ 角色分工。根据情景模拟的主题，设计模拟活动中的角色分工，由学生自主选择角色扮演与任务分工。情景模拟不是表演，而是学生运用所学知识来处理现实中的问题。因此，在角色扮演中要极力营造真实的氛围。⑤ 模拟训练实施。在预定时间内严格按照情景模拟的设计方案进行实践操作，在操作过程中主要由学生自主进行，教师主要承担"仲裁者"与"评估者"角色。⑥ 结果评价。情景模拟结束后，师生共同讨论该项情景模拟活动的得与失，针对情景模拟中发现的问题，教师有针对性地进行教学，弥补学生的"短板"。此外，教师参照情景模拟的评价指标对学生进行评分，作为课程考核的依据。

第二节　教学环节

一、理论教学

1. 课堂教学

课堂教学是教育教学中普遍使用的一种手段，它是教师给学生传授知识和技能的全过程，主要包括教师讲解、学生问答、教学活动以及教学过程中使用的所有教具。课堂教学是把年龄和知识程度相同或相近的学生编成固定人数的班级集体；按各门学科教学大纲规定的内容，组织教材和选择适当的教学方法；并根据固定的时间表，向全班学生进行授课的教学组织形式。

在公共事业管理专业的教学环节中，课堂教学是教学活动的基础，是知识的主要传播手段。在各门课程的教学中，课堂教学是主要的形式，是将本专业知识体系进行传授的主要平台。

2. 课堂作业

作业是教学过程中一个不可缺少的环节，也是学生学习过程中一个重要的组成部分。在《教育大辞典》中，作业被分为课堂作业和课外作业两大类。所谓课堂作业，就是教师在上课时布置学生当堂进行操练的各种类型练习。有书面作业、口头作业、实际操作练习等，其作用在于加深和加强学生对教材的理解和巩固，进一步掌握相关的技能技巧，教师也能从中及时发现学生知识或技能缺陷，做必要的纠正。

在公共事业管理专业的课程体系中，公共经济学、卫生经济学的课堂作业中包含了较多的练习题目，卫生统计学等课程的课堂作业包含上机操作的内容，公共管理学、公共政策学的课堂作业往往是对一些问题的讨论。

3. 课后答疑

答疑是大学理论教学中的一个辅助性项目，由任课教师或助教回答学生关于当前所学课程内容的疑惑或问题。答疑和习题作业相比，具有不同的特点，主要体现在以下几个方面：① 答疑是由学生提出具体的问题，由任课教师或助教进行有针对性的回答；② 答疑过程中，教师与学生的互动性比较强，基本上是一对一的直接交流；③ 答疑形式比较自由，对教师的教学规范要求较少；④ 答疑时间不记入教学工作量中，带有某种义务性质。

与答疑密切相关的一种教学方法是"问题解决教学法"，是通过问题来学习，它把教学看成是一个不断地（包括课堂内外）发现问题、提出问题、分析问题和解决问题的过程。现代教学方式也特别强调问题在教学活动中的重要性，一方面强调通过问题来进行学习，把问题看作是学生学习动力、起点和贯穿教学过程中的主线；另一方面通过教学来生成问题。

将问题解决教学法应用到公共事业管理专业的教学过程中，特别强调培养学生的问题意识,使学生不断地发现问题、提出问题,并带着问题去学习,从而激发学生强烈的学习愿望,积极主动地投入到学习中去,最终习得解决问题的思维和能力。

二、自主学习

自主学习是与传统的接受学习相对应的一种现代化学习方式。以学生作为学习的主体,通过学生独立的分析、探索、实践、质疑、创造等方法来实现学习目标。自主学习强调培育学生强烈的学习动机和浓厚的学习兴趣,从而进行能动的学习,即主动地自觉自愿地学习,而不是被动地或不情不愿地学习。因此,"自主学习"这一范畴本身就昭示着学习主体自己的事情,体现着主体所具有的能动品质;学习是"自主"的学习,"自主"是学习的本质,自主性是学习的本质属性。学习的自主性具体表现为自立、自为、自律三个特性,这三个特性构成了"自主学习"的三大支柱及所显示出的基本特征。

公共事业管理工作所要面对的现实社会纷繁复杂,需要学习者和从业者具备尽可能广泛的知识背景。在这种情况下,完全依靠课程体系内的学习是不够的,要求学习者根据自己的兴趣和社会的需要不断地自主学习。要取得良好的自主学习效果,要做好以下几点:① 建立目标意识,确立一个明确的目标,有利于学习中坚持。目标的来源,可以是兴趣,比如学习经济学;也可以是现实的需要,比如考取资格证书。② 确定范围,从所用的教材到知识面的拓展范围要事先确定,原则上不能改动。不能今天以这为主,明天又改成以其他为主。③ 注重学习过程,要根据学习的任务制订学习计划,并严格按照这个计划开展学习,这对自主学习的效果有至关重要的影响。④ 注重学习的氛围和环境,根据自身的情况,可以单独学习,也可以和志同道合者一起学习,尤其是后一种方式可以提供相互的支撑。⑤ 自我检查和对比反省,通过与其他同学的比较或是自己对学习进度和效果的检查,找出自主学习中出现的问题和漏洞并改正。⑥ 养成做记录的习惯,做学习记录既有利于思考和总结、归纳问题,加深对学习内容的理解和记忆,又可以把学习内容中的重点记录下来,便于以后查阅和复习。

三、实践教学

1. 实验教学

实验教学是指学生在教师的指导下，使用一定的设备和材料，通过控制条件的操作过程，引起实验对象的某些变化，从观察这些现象的变化中获取新知识或验证知识的教学方法。在物理、化学、生物、地理和自然常识等学科的教学中，实验是一种重要的方法。在管理学科中，实验对于掌握相关的知识和技能也有重要作用，一些课程也有专门的实验教学内容。公共事业管理专业主要的专业实验有管理信息系统、公共部门人力资源开发与管理、公共组织财务管理、电子政务、市场调查与预测、卫生统计学、卫生经济学和保险学原理等课程。各门课程的实验目的、实验内容和实验方法如下：

（1）管理信息系统

实验目的：了解管理信息系统的作用，掌握管理信息系统的结构原理，熟悉其一般操作流程。

实验内容：管理信息系统的整体认识，数据库实验，系统流程分析与设计，ERP 系统的结构认识和初始化，ERP 系统运作。

实验方法：计算机操作。

（2）公共部门人力资源开发与管理

实验目的：通过实验课程的学习，使学生能熟悉公共组织人力资源开发与管理操作的方法软件的应用，能以人力资源管理者的角色去仿真地操作，在每一步的操作过程中了解和掌握该步骤的基本知识和基本技能，从而实现对人力资源开发与管理相关业务的基本掌握。

实验内容：人力资源素质测评、模拟招聘面试、模拟员工培训等。

实验方法：计算机模拟操作等。

（3）公共组织财务管理

实验目的：通过实验课程的学习，使学生能够掌握公共组织资金预算、资本筹集、资本结构等财务活动，以及其与之相关的财务关系，明确公共组织的目标和财务管理目标。要求学生运用比较法，对公共组织与营利组织的资金财务管理进行对比，使学生更加全面掌握公共组织管理体系和分析规范，从而懂得如何有效安全地运营公共组织的资金。

实验内容：公共组织财务比率综合分析、公共组织资本结构决策、公共组织营运资本需求、公共组织财务分析。

实验方法：计算机操作。

（4）电子政务

实验目的：使学生了解电子政务的内涵、电子政务的模式，熟悉政府间电子政务（G2G）、政府对企业的电子政务（G2B）、政府对公民的电子政务、电子政务系统的总体框架等内容。

实验内容：发送上行文，平行文发送、签收和退文，政务信息内部发布与上报，公文分拣，OA公文办理及下行文签收，下行文发送与接收，行政审批等内容。

实验方法：计算机操作。

（5）市场调查与预测

实验目的：掌握市场调查与预测的基本方法及应用技术。

实验内容：市场调查方法、调查方案设计、调查问卷设计、抽样调查技术、数据处理与分析等。

实验方法：计算机操作。

（6）卫生统计学

实验目的：使学生在掌握统计学基本原理与方法的基础上，培养学生选择正确的统计学方法解决卫生管理中的相关问题，根据计算机操作结果进一步得出统计学结论，并根据统计学结论得出专业性结论。

实验内容：一般性统计描述、卡方检验、方差分析、秩和检验、回归与相关分析。

实验方法：操作演练、实验室上机练习。

（7）卫生经济学

实验目的：使学生在掌握卫生经济评估基本原理与方法的基础上，获得应用卫生经济评估软件进行卫生项目经济评估和药物经济评估的能力。

实验内容：成本效果分析、成本效益分析、成本效用分析、马尔可夫模拟、决策分析。

实验方法：操作演练、实验室上机练习。

（8）保险学原理

实验目的:通过模拟实验,使学生熟悉保险业经营管理的全过程,对保险经营与管理有感性认识,熟悉保险承保、核保、理赔等程序。

实验内容:模拟人身保险、财产保险、健康保险的投保、保单签发、审核、保险理赔以及保险展业等内容。

实验方法:计算机操作。

2. 实习

所谓实习,可以理解为在实践中学习。在经过一段时间的学习之后,或者当学习告一段落的时候,需要了解自己的所学知识应当如何应用在实践中,要付诸实践来检验所学。实践教学的实习分为教学实习和毕业实习。

（1）教学实习:教学实习是高等学校授课教师结合专业课程教学的一种实践性教学形式。通常从低年级开始,在校内或者校外的实习基地进行,使学生获得公管事业管理专业的感性知识,初步掌握一些公共事业管理的技能,并接受工作纪律、安全防护、文明管理等教育。区别于综合性的毕业实习,内容仅局限于课程要求,实习时间较短。重点是基本功训练、巩固,并加深对所学课程理论的认识,不强调完成特定任务,不宜过早、过多地把学生安排在某一固定岗位上工作,以免导致不能全面掌握所需知识和技能的情况。

教学实习的类型大体有以下几种:① 参观和认识实习。这样的教学实习一般时间较短,一般安排半天或者一天时间。教师在教学过程中,讲授完某一知识点或案例后,为了让学生对所学知识或案例有更直观的认识和理解,安排学生去实习基地短期参观、认识和访问,以巩固课堂教学内容。② 专业技能的教学实习。一般安排在教学实验室进行,但不限于教学实验室,确定1~2个需要掌握的专业技能,事先设定实习目标,在教学实验室或者其他特定场所模拟实际情境,由教师带领或者指导学生完成相关任务,以帮助学生掌握专业技能。③ 见习。这样的教学实习一般安排一到两周,在大二下学期或者大三上学期进行。此时学生已经学习了专业基础课和部分专业课,对所学专业的课程理论已经具备了一定的认识,但是缺乏实践认识,为了后期更好地开展专业课教学,由学校或者学院组织学生到见习基地见习。④ 综合性教学实习。该类型实习一般具有明确的问题导向和目标导向,学生在完成这种实习期间,必须具有多门学科的知识,具备一定的探索和研究能力,同时掌握一定的沟通技巧,能够进行社会调查,会发现问题、分析问题并解决问题。可以借助创新创业大赛、公共管理案例大赛等形式来开展这类教学实习。

(2) 毕业实习:毕业实习是学生在毕业之前,即在学完全部课程之后到实习现场参与一定实际工作,通过综合运用全部专业知识及有关基础知识解决专业问题,获取独立工作能力,在思想上、业务上得到全面锻炼,并进一步掌握专业技能、培养职业素质的实践教学形式。毕业实习无疑是整个实践教学过程中最关键的部分。毕业实习是学生学习岗位技能,把理论知识应用于实践的过程,也是学生由"学习"向"工作"转变的认知阶段。毕业实习一般安排在第八学期完成,时间不少于15周,一般由学院安排,也可由学生自主选择在公共事业管理领域实习。实习结束,需要学生对实习经历进行总结,撰写并提交实习报告。

毕业实习也有具体要求。① 实习前,学生需要把几年来学过的知识复习、回忆一下,以达到巩固所学知识的目的,尤其要对本专业的知识有一个比较全面、系统的了解。② 学生需要对毕业实习的重点有充分估计和把握。即事先要确定一个自己感兴趣,也学得比较扎实的课题,以便在实习中有目的地收集资料、选择素材,为实习调查报告写作做准备。③ 每位学生按照学校有关要求选择比较固定的与公共事业管理专业相关的实习单位,如果发生变更,须回校办理变更手续。④ 实习期间,学生要服从实习单位指导老师的安排,遵守学校及实习单位的纪律和规章制度,虚心向实习单位人员学习,不断提高自己的管理水平和业务能力。

3. 社会实践

社会实践是对学生进行素质教育,培养大学生创新能力、实践能力和创业精神的训练,是有组织、有计划地让学生接触社会、参加社会活动、参与实际工作,从而达到认识社会、服务社会、认识自我、增长才干、学以致用、知识并进,提高素质的重要教学活动。社会实践是课堂教学活动的补充和延伸。

社会实践对大学生的就业有着很大的促进作用,是大学生成功就业的前提和基础,对于在校大学生具有加深对本专业的了解、确认适合的职业、为向职场过渡做准备、增强就业竞争优势等多方面意义。

实习的目的是检验学习成果。社会实践的目的则较为多样:主要出于经济目的,可以选择在校勤工俭学、家教、打零工;出于认识了解社会的目的,可以选择做义工、支教、支农,既锻炼了能力,又奉献了爱心;出于就业的目的,可以选择与公共事业管理专业相关的单位参观、调研或工作实践(包括有偿和无偿)。

4. 毕业论文

毕业论文是需要在学业完成前写作并提交的论文,是教学或科研活动的重要组成部分。本科毕业论文(学士学位毕业论文)的主要目的是培养学生综合运用所学知识和技能、理论联系实际、独立分析、解决实际问题的能力。毕业论文应反映作者能够准确地掌握所学的专业基础知识,基本学会综合运用所学知识进行科学研究的方法,对所研究的题目有一定的心得体会,论文题目的范围不宜过宽,一般选择本学科某一重要问题的一个方面。

毕业论文的基本教学要求是:① 培养学生综合运用、巩固与扩展所学的基础理论和专业知识,培养学生独立分析、解决实际问题的能力,培养学生处理数据和信息的能力。② 培养学生理论联系实际的工作作风,严肃认真的科学态度。③ 培养学生进行文献资料收集、阅读、整理和使用,开展社会调查研究,提出论点、综合论证、总结写作等基本技能。

毕业论文的教学过程主要包括:① 选题。每年11月毕业论文工作启动后,每位教师首先提供5~10个选题,教研室汇总后,发给学生,供学生选择;然后,每个学生根据个人兴趣和擅长选择2个题目;最后,教研室主任根据学生的选题情况分配学生。② 开题。学生在指导老师的指导下,完成文献阅读,撰写开题报告,教研室组织全体教师于元旦前后分组逐一审核学生的开题报告。③ 论文中期检查。每年3月份,学院督促指导老师检查学生的论文写作情况。指导老师主要检查学生的问卷调查是否实际进行,论文写作数据是否收集齐全,学生是否切实掌握了论文写作所需要的关键技术和方法。④ 完成初稿。每年5月初,学生需要完成初稿,指导教师指导学生反复修改。⑤ 定稿和答辩。每年6月初,学生毕业论文定稿并答辩。

毕业论文是毕业生总结性的独立作业,是学生运用在校学习的基本知识和基础理论去分析解决一个公共事业管理实际问题的实践锻炼过程,也是学生在校学习期间学习成果的综合性总结,是整个教学活动中不可缺少的重要环节。撰写毕业论文对于培养学生初步的科学研究能力,提高其综合运用所学知识分析问题、解决问题能力有着重要意义。

四、学习方法建议

1. 课前预习

课前预习是提高听课效果的一个重要策略。课前预习就是每节课前把本次课将要讲授的内容进行预习,初步熟悉课程内容,找到听课和理解的重点、难点、疑点,记下自己的困惑之处和薄弱环节,带着问题进课堂,以期在课堂学习中得以解决。课前预习是掌握听课主动权的主要方法,预习中要把不理解的问题记下来,听课时增加求知的针对性。既节省学习时间,又能提高听课效率,是学习中非常重要的环节。

具体的学习方法有:① 目标学习法。教学内容由许多知识点构成,由点形成线,由线完成相对独立的知识体系,构成彼此联系的知识网。因此,通过课前预习,明确学习目标,可以在上新课时了解本课知识点在知识网中的位置,在听课时着重从宏观中把握微观,有利于知识点的理解。② 问题学习法。学生带着问题去看书,有利于集中注意力,明确目的,这既是有意学习的要求,也是发现学习的必要条件。在课前预习时去寻找问题,以便在听课时在老师讲解该问题时集中注意力听讲,有助于解除疑惑。

2. 课中听讲

学生课堂上力争理解老师所讲内容,经过认真思考,消化吸收,变成自己的东西。上课时要集中精力,全神贯注,尽最大可能地跟着老师的思路走,保持积极的听课状态,对于老师所讲的重点、难点、疑点要认真思考,通过听讲来解决预习时提出的问题,深化对问题的理解,通过听课来检查和锻炼自己的思维。

在课堂上要积极思考,勇于发表自己的观点和看法,使老师了解你现有的思维水平。此外,对老师强调的要点、难点和独到的见解,要认真做好笔记。做笔记不是对教师教授内容的机械复制,它同时是一个思考的过程。在记笔记的过程中必须科学分配自己的注意力,针对科目的难易有所侧重:

对于较难的科目,可以50%的时间听讲,50%的时间记笔记;对更注重灵活性和创造性的科目,90%的时间听讲,10%的时间记提纲就足够了。

具体学习方法有:① 联系学习法。联系学习法的实质不能理解为仅仅只是一种迁移。迁移从某种意义上说是自发的,而运用联系学习法的学习是自觉的,是发挥主观能动性的充分体现,它以坚信知识点必然存在联系为首要前提,从而有目的地去回忆、检索大脑中的信息,寻找出它们的内在联系。在听课时,要及时将教师的讲课内容与自身已有知识进行联系,从而更好地理解和掌握新知识和原有知识。② 归纳学习法。所谓归纳学习法是通过归纳思维,形成对知识的特点、性质的识记、理解与运用。当然,作为一种学习方法来说,归纳学习法崇尚归纳思维,但它不等同于归纳思维本身,它同时还要以分析为前提。在听讲过程中,在教师对知识进行归纳的基础上,自己还要进行主动归纳,以利于自己对知识的理解。

3. 课后复习

课后及时复习,是巩固所学知识必不可少的一环。应及时对听课内容进行复习,进行积极的回忆和必要的重新学习,以加深对学习内容的总体理解,减少遗忘。复习中要认真整理课堂笔记,对照课本和参考书进行归纳和补充,并把多余的部分删掉,经过反复思考写出自己的心得和摘要。

根据遗忘发生的规律,可以采取适当的复习策略来克服遗忘,即在遗忘尚未发生之前通过复习来避免遗忘,所以,在复习时要注意复习的时间安排。根据有关研究,有效的复习时间安排是:第一次复习,学习结束后510分钟。第二次复习,当天晚些时候或第二天。第三次复习,学习结束后一星期左右。第四次复习,学习结束后一个月左右。第五次复习,学习结束后半年左右。

具体学习方法有:① 缩记学习法。所谓缩记法就是要尽可能地压缩记忆的信息量,同时基本上又能记住应记的内容。比如有要点记忆法、归纳记忆法、意义记忆法,都属压缩记忆法。记住了要点并不是要放弃其他内容,而是以对其他内容的理解为前提,它可极大地增加记忆的信息量。② 思考学习法。课后复习有较为充裕的时间可以对所学知识进一步思考,要在学习的基础上认真、深入地进行思考,把学习与思考结合起来。把外在的知识和事件与自己切身经验结合起来进行思考,既用自己的经验来思考知识与事件,又用知识与事件来思考自己的经验,不断地交换位置和方向,达到理解和重新理解知识、事件和经验的目的。

4. 作业和考试

作业可以巩固消化知识,考试可以检验对所学知识掌握的程度,它们都起到了及时找出薄弱环节加以弥补的作用。做作业要认认真真,举一反三,触类旁通,要养成良好习惯;考试要有正确态度,不作弊,不单纯追求高分,要把考试作为检验自己学习效果和培养独立解决问题能力的演练,结合考试的准备对所学内容进行复习,在理解的基础上进行记忆和运用。

在这个学习过程中,学生需要理解以下两种学习方法。① 循序渐进法。量变的必然结果是质变,对知识的反复练习可以最终实现对知识的熟练掌握和升华,因此,应围绕中心知识框架不断完善自己的知识结构,通过完成作业对知识进行反复联系,向纵深发展,培养自己研究性学习的能力。② 持续发展法。用发展的观点看待学习问题,也就是我们所提倡的持续发展法。可持续发展首先是观念上的要求,只有具备这样的学习观,才会有这样的学习方法。考试不是目的,而是检验知识掌握的手段,通过考试的检验,发现不足,在以后的学习中加以改正。有了这样的学习观念和学习方法,才能从根本上消灭死记硬背、只求通过考试的倾向。

5. 进行学术阅读

学术阅读是一种融专业性、知识性、分析性、批判性乃至创造性等多重要求在内的阅读。在进行专业学习时,学生进行学术阅读,可以拓宽知识基础,跟踪学科前沿,也有助于开阔眼界,培养辩证思维能力。教师引导本科学生进行学术阅读,有助于促进学生对真实问题进行探索和对现实问题进行关照。现代社会日新月异,新现象、新问题层出不穷,公共事业管理专业的学生毕业之后踏入社会,要面对和解决的都是现实的管理问题,尤其离不开学术阅读。

学生进行学术阅读时应做到以下几点:① 多阅读代表本学科最高水平的著作和论文。② 要以本领域知名学者的成名作或代表作为主。知名学者的作品并非都是精品,除了阅读专著、学术自选集、文集,还不妨用作者的姓名作选项,在中国学术期刊网搜索代表性文章。③ 深度阅读权威期刊、报纸和重大课题成果,跟踪学科前沿。领域内的权威期刊用稿重点代表了学界研究的重点、热点;阅读国家社科基金课题、教育部重大规划课题等省部级以上课题资助(这是衡量专著或论文是否处于其所在领域及相关领域前沿位置的重要指标)的专著和论文。④ 阅读知名高校与科研机构的知名导师指导的优秀学位论文。⑤ 阅读权威的学术文摘。⑥ 经常浏览优秀的学术网站和学术书店,了解学界最新信息。

公共事业管理专业教师在上课过程中推荐最多的阅读材料便是最新发表的学术论文和学术公众号发表的就某一热点话题进行讨论的短文。学术公众号发表的文章一般较短,不需要什么阅读技巧。对于学术论文,可以在学术期刊网上以关键词、题名或作者为主题词进行搜索,集中专题进行阅读,既要精读也要泛读。对与自己感兴趣方向相关的重要文章必须字斟句酌地阅读。首先是看论文摘要,因为它浓缩了文章的创新点,能让读者迅速掌握作者的观点和结论。其次是看正文,最重要的是了解文章的逻辑主线和结构。同时还可以从作者的观点和结论,提出自己的观点。最后,要重视文后的参考文献。仅仅满足于读懂、读透一篇好的论文是不够的,还要看到这篇文章在整个学术领域的地位,参考文献为我们纵深了解整个领域的研究现状和未来的可能进展提供了指引和线索。

6. 学会定量分析

随着信息技术的迅猛发展,各行各业所积累的数据量逐渐增大,不同类型的数据纷繁复杂,如何处理海量数据并从中提取有价值的信息变得越发重要。大数据技术的出现对各领域及科学发展,特别是那些与数据存在密切关系的行业及学科产生了深刻的影响,使得我们能够通过对海量数据进行检索、收集、分析、挖掘,快速、准确地获取数据信息背后所隐藏的价值。

对于公共事业管理类专业的学生来说,在学习和工作的过程中会接触到错综复杂的数据信息,如何提高对数据的分析能力,发现数据背后存在的规律,为科学的管理决策提供理论基础是学生所应该具备的基本技能。因此,熟练地掌握定量分析方法可以使公共事业管理类专业学生更好地进行公共管理。

通过定量分析,可以对数据信息进行合理的解释,提高管理决策的可信度和精确度。公共事业管理类专业的学生如果掌握定量分析方法,就能够对数据的特征、关系和变化进行系统化分析和预测,就可以揭示和描述研究对象间的相互作用和未来的发展趋势，就可以从错综复杂的表象中提炼并理清有关要素，利用系统的观点综合分析和解决问题，就可以充分利用数据信息得到准确的结论，做出最优的规划和决策。

大数据时代，定量分析主要依靠计算机软件进行，比如 SPSS 软件、SAS 软件、R 软件、Matlab 软件和 TreeAge 软件等。学生可以在专业教师的指导下，根据各学科教学需要有选择地学习。

五、考核要求

课程考核应坚持公平、公正、诚实、严谨的原则。凡是培养方案规定的课程都要进行考核，各类见习、实验（训）、课程设计等实践性教学环节按相应的规范进行考核。

1. 平时考核与期末考核

（1）平时考核：一般没有严格的时间界限，方法程序上也没有严格的规定。平时考核主要包括：学生到课与听课、作业提交与完成、质疑与提问、实践环节、测验、期中考试等，平时考核方式和成绩的评定应在课程教学大纲规定的框架内，由主讲教师自行制定。

（2）期末考核：课程主讲教师（课程负责人）要根据课程特点和目标要求选择适当的考核方式。期末考核的考核方式分为考试课程和考查课程两种。

2. 考试与考查

教师应按照人才培养方案中规定的考核形式组织考核，期末考试的课程一般为三至五门。教师要根据课程的性质、特点、内容和教学要求选用恰当的考核方法，鼓励教师进行课程考核方法的改革。

（1）考试：这是一种严格、标准的知识水平评价方法，要求考生在规定的场所、规定的时间，按规定的要求和标准完成规定的作业任务，以评价其课程的学习效果。考核类型标记为"考试"的课程，只能采取考试的考核方式。考试课程的考核，需要在教务处的组织下由非任课教师出试卷，教研室主任和学院领导审核把关。

（2）考查：可灵活选择考核方式和方法，让学生完成所要求的作业任务。

考核类型标记为"考查"的课程,可以采用多种考核方式,具体由主讲教师确定,一般可以以论文、演讲、讨论、综合练习、综合设计等方式进行。

3. 计分方式

一般来说,考试课程采用百分制评定成绩,考查课程采用五级制(优秀、良好、中等、及格、不及格)评定成绩。

(1) 百分制:就是指满分为 100 分的考试,60 分以上算及格,60 分以下算不及格。

(2) 等级分制:一般采取 5 个等级的等级分制,分别为:优秀、良好、中等、及格、不及格。

百分制与五级制的换算:90~100 分为优秀;80~89 分为良好;70~79 分为中等;60~69 分为及格;60 分以下为不及格。

(3) 分数与绩点:考试成绩在 60 分以下绩点为 0,60 分绩点为 1,每增加 1 分绩点增加 0.1;考查成绩不及格绩点为 0,及格绩点为 1,中等绩点为 2,良好绩点为 3,优秀绩点为 4。

$$平均学分绩点 = \frac{\sum(课程绩点 \times 课程学分)}{\sum 课程学分}$$

4. 成绩评定办法

课程考核总成绩由平时成绩和课程结束考核成绩两大部分构成。平时成绩由课程教师根据各门课程的特点采用多种恰当的考核方法,加强日常学习过程考核。过程考核应明确考核内容和评定标准,并具有可比性。平时成绩与课程结束考核成绩的比例由课程负责人根据课程的性质、特点、内容和教学要求提出,学院确定。一般同一门课程的多个平行教学班级使用相同的课程成绩评定方案。任课教师应在开课初向学生公布课程考核形式和成绩评定办法。

含有实验(训)教学内容的课程,可按理论、实验的学时数折算理论教学与实验教学成绩的百分比。

独立设置的实验课单独考核,单独评分。

思考题

1. 公共事业管理专业的教学目标是什么？
2. 如何利用案例开展教学？
3. 模拟教学的意义是什么？
4. 如何取得良好的自主学习效果？

拓展阅读

合作型学习的基本理念

合作型学习在很大程度上促成了学习者由被动接受到主动探究，从纯书本知识学习到综合素质培育的转变。总体而言，合作学习的基本理念主要包含了以下各方面的内容：

（1）生生互动得以加强。传统的教学往往偏重教师与学生、学生与课程之间的关系，而学生与学生之间的相互作用则通常被认为是无关紧要的甚至是消极的因素。然而，合作型学习的代表人物约翰逊（D. W. Johnson）却指出："实际上，教师的一切课堂行为都是发生在学生与同伴群体关系的环境之中的。在课堂上，学生之间的关系对学生学习的成绩、社会化和发展的影响比任何其他因素都更强有力。"

从目前的情况看来，生生互动是教学系统中尚待进一步开发的教学方式，是教学活动成功的不可或缺的因素。合作型学习把生生互动提到了前所未有的高度，并作为整个教学过程中一种十分关键的互动方式来加以科学利用，以充分开发教学中的人力资源，为现代教学系统注入了新的活力。此外，在更为广泛的交流平台上开展教学活动在提高学生的学习参与度、激发教师的潜能方面均可以起到不可估量的促进作用。

（2）讲授、讨论合二为一。合作型学习认为，教学对象通常兼具了个体性与集体性的双重特征，因为他们既各自独立，彼此间又相互关联。故而，在教学过程中，应当把两方面进行有机结合。在具体实施上，合作型学习的过程主要包括了教师下达学习任务、学习者分组、小组开展合作、小组所有成员圆满完成任务等几个环节。它一般都采用了大班讲授与小组讨论相结合的教学组织形式,以力求实现个体性与集体性的有机统一。

与传统教学不同的是,合作型学习虽然是以小组活动作为基本形式,集体授课依然在整个过程中占有相当重要的地位。当然,不能因此便简单地将合作学习中的课堂讲授与传统教学中的课堂讲授视为等同。教师选择的内容应该更具开放性,甚至可以是学科内容的扩展、延伸与深化;它的理论难度通常偏大,但有利于开拓学生的视野。另外,由于课堂时间的限制,讲授方式也力求更为简明扼要、深入浅出,以便为后续的小组活动留下足够的研究空间。

以小组为单位的合作型学习过程同时又是一个成员各自担当责任以及成员之间相互促进的互动过程。在小组环境中系统地构建起这些基本要素可以帮助形成合力与协同效应,并进而达到"$1+1>2$"的效果。由于每一个人所拥有的资源不尽相同,他们都具有无法替代的作用,这样也造就了各个成员不仅自身努力,而且要求整个小组取得成功的责任心。没有这样的责任心,就不可能有合作的顺利开展。其次,小组内部只有通过信息共享、彼此激励才能完成学习任务。在此基础上,每一位学习者都能从不同的渠道得到对自己表现的反馈,并通过一系列的合作过程积累专业知识,增强学习能力与社会活动能力。

[资料来源:余陈乙.论合作型学习方法在教学实践中的运用[J].江苏高教,2010(5):158-159.]

第六章 公共事业管理专业毕业、就业及继续教育

 内容提要

本章介绍了公共事业管理专业大学本科毕业生应具备的基本素质、知识体系和能力素质要求,通过考察该专业历届毕业生的社会需求、就业去向和就业前景,分析该专业大学本科毕业生就业中遇到的问题和可能的原因。同时,在最后部分,给希望继续进行研究生教育深造的同学一些参考意见。

第一节 毕业要求

一、毕业考核

从某种意义上讲,公共事业管理是一种狭义的公共管理,包括教育、科学、文化、体育、人口、卫生、资源与环境保护、社会保险等公共事业,以及水、电、煤气、邮电、通信、公共交通等公用企业的管理。

就公共事业管理专业的管理对象特征而言,公共事业管理专业的人才应具有以下特征:① 具有公共服务的意识。社会的发展、公众整体利益的实现、协调个体利益与社会整体利益的关系,创造良好的社会环境是公共事业管理组织的宗旨。这要求从事公共事业工作的管理者具有为公共事业服务的意识,将服务公众与社会作为公共事业管理工作的核心。② 具有社会化的管理责任。市场经济条件下,个体行为与公众整体利益之间存在着目标的一致性与实现方式的矛盾与冲突,个人利益在实现的过程中,主观上追求自身利益的"最大化",客观上又从社会及公众利益整体上为其提供保证、支持与协调,对有损于社会及公众利益整体的行为予以约束和限制,这就要求公共事业管理工作既要立足于整个社会以推动社会的进步与发展,又要从整体的角度保证个体的正当利益的实现。③ 具备综合的知识结构和全面的管理能力。公共事业管理专业具有明显的跨学科特征,涉及多门社会科学和自然科学的学科,如经济学、教育学、法学、管理学、统计学等。

公共事业管理面对的问题涉及社会发展、公众利益、个人利益三个不同的层次,涵盖广泛的领域,服务对象涉及各个领域、各个行业、各个部门及各类公众,其操作具有复杂性,这就要求公共事业管理人才具有全面的综合素质,思维敏捷,善于观察事物的本质特征与把握大局,具有开拓与创新能力,具有全面的管理才能。

1. 德育要求

由于本专业的就业性质,在学生的德育方面较其他专业要求更高更严。要求学生认真学习马列主义、毛泽东思想和邓小平理论,坚持四项基本原则和习近平新时代中国特色社会主义思想,努力学习政治和党的方针政策,提高政治思想觉悟,培养共产主义道德品质。遵纪守法,重视职业道德修养的提高,讲究文明礼貌,牢固树立全心全意为人民服务的观念,树立为社会主义现代化建设事业服务的观念。

2. 课程、学分考核

就目前开设公共事业管理专业院校而言,公共事业管理专业的方向主要包括教育管理、文化管理、卫生管理、社会保障管理和科技管理。除了这几个方向之外,有些高校还根据办学特点,考虑到学校所在地的发展,培养适应本地区发展,适合为本地服务,契合当地经济建设的人才。公共事业管理专业主要培养应用型、适应型的全面人才。本专业的学制为四年,在学制期内,学生须按培养计划要求修读课程,总学分达到要求,学位论文通过答辩方可毕业。本科教育课程一般分为管理学基础课程、经济学基础课程、公共事业管理专业基础课程、集中实践教学环节等课程类型;课程修读类型分为必修课和选修课,选修课分为限选课和任选课两个部分,限选课必须修满规定的学分,限选课多选可替代任选课的学分。

3. 毕业实习考核

毕业实习是大学教育的最后一个极为重要的实践性教学环节,通过较长时间的实习,使学生走向社会,接触本专业工作,拓宽知识面,增强感性认识,培养、锻炼学生综合运用所学的基础理论、基本技能和专业知识,训练独立分析和解决实际问题的能力,把理论和实践结合起来,提高实践动手能力,为学生毕业后走上工作岗位打下一定的基础;同时可以检验教学效果,为进一步提高教育教学质量,培养合格人才积累经验。

通过毕业实习的实际操作训练,培养管理能力,发展智力,巩固和掌握公共事业管理专业的基本理论、基本知识和基本技能,提高实际工作的能力。总体来说,毕业实习应提高和锻炼以下基本素质和能力:

① 巩固和掌握公共事业管理方面的基本理论、基本方法和基本技能。

② 熟悉公共事业管理的具体环节，熟悉公共部门管理工作规范及工作程序。

③ 提高英语的阅读能力、听力和会话能力。

④ 强化计算机操作，提高运用计算机开展业务工作的能力。

⑤ 提高文书写作能力。

⑥ 提高人际交往能力、组织协调能力、合作能力。

4. 毕业论文考核

毕业论文考核是为了：① 进一步巩固加深学生的基础理论、基本技能和专业知识，通过毕业论文（设计）训练，使之系统化、综合化。② 使学生获得从事科研工作的初步训练，培养学生的独立工作、独立思考和综合运用已学知识解决实际问题的能力，尤其注重培养学生独立获取新知识的能力。③ 培养学生的文字表达、文献查阅、文件编辑、研究方法、数据处理、计算机应用、工具书使用等基本工作实践能力，使学生初步掌握从事科学研究的基本方法。④ 使学生树立适应社会主义市场经济要求的正确设计思想和观点；培养严谨、负责、实事求是、刻苦钻研、勇于探索、具有创新意识、善于与他人合作的工作作风。

总体而言，公共事业本科教学的培养目标是培养能熟练掌握管理知识和能力的实用型高级管理人才。教育部对公共事业管理专业人才提出的具体目标是：具有现代管理理论、技术与方法等方面的知识以及运用这些知识的能力，能在文教、科技、体育、卫生、环保、社会保险等公共事业单位从事管理工作，具有规划、管理、组织和决策方面的基本能力。通过四年的学习，公共事业管理专业的学生应具备的基本知识和能力包括：掌握管理学、经济学、社会科学等现代科学的基本理论和基本知识；具有适应办公自动化、应用管理信息系统所必需的定量分析和应用计算机的技能；具有进行质量管理、数据的分析和处理，进行统计分析的基本知识和能力；熟悉我国有关的法律法规、方针政策以及制度；具有较强的社会调查和写作能力；掌握文献检索、资料查询的基本方法，具有初步的科学研究和实际工作能力；具有较强的思维创新能力，自我学习能力和人际协调、沟通能力。

二、毕业流程

本专业学生修满规定学分,完成毕业实习和毕业论文(设计),并通过答辩,达到学位授予的有关规定,授予管理学学士学位。

第二节 公共事业管理的就业

随着我国市场经济体制改革的全面深化,特别是以政府职能转变为突破口的政治体制改革的推进以及社会管理创新的展开,公共事业管理作为一个新专业,正面临着十分强劲的社会需求,并且需求量不断提升,可谓朝阳专业,发展前景十分广阔。党的十九大做出我国经济已由高速增长阶段转向高质量发展阶段的重大判断,可以预见,随着我国对社会公共领域管理要求的提高,对公共事业管理专业人才将会有很大的需求量,同时社会对公共事业管理人才的要求也在逐步提高。

根据公共事业的特点和市场定位,公共事业管理专业的主要就业去向为:党政机关、基层组织、社区、社会团体、司法、大中型企事业管理部门,大中专院校,科研、宣传、新闻出版、广播电视等文化事业单位,社会有关管理咨询机构,医院、卫生行政部门、社区卫生服务中心等卫生事业相关机构等。涵盖党政机关、文化、教育、体育、卫生、市政、城市管理、环保、社会保障、社会团体、社会保险等各类公共事业领域。可以说,公共事业管理专业的就业领域非常广阔,毕业生有充足的选择余地和空间。公共事业管理专业的人才培养也在根据社会现实进一步拓宽培养目标,进行多元化人才的培养,引导学生面向不同的社会需求就业。目前,无论从社会发展对人才的总需求,还是从毕业生就业和进一步深造来看,公共事业管理专业的发展前景都十分好。

一、就业领域

1. 政府及党政机关

尽管公共事业管理与行政管理在面向对象与培养目标上有一定的区别,但在当前公务员"凡进必考"的法律规定下,公共事业管理专业毕业生的一个极其重要的出路仍然是考公务员,且在考试中占有一定程度的优势。

改革开放以来,尤其是20世纪90年代末期以来,随着我国社会主义市场经济体制逐步确立并不断完善。在市场经济改革的推动下,我国社会管理的方式不断变革,政府职能也在转变,文教、体育、卫生、环保、社会保障等公共事业作为独立的社会组织以其特殊的职能正在社会生活中的各个层面发挥着日益重要的作用。继经济体制改革、政府体制改革之后,事业组织管理体制也面临改革。

要建立政事分开、管理自主科学、面向社会、独立的社会主义事业单位,首先离不开众多的高层次的公共事业管理人才。我国长期以来在高度计划体制下,行政管理与公共事业管理在管理范围上是混淆的,政事不分、事企不分、效率较低、财政不堪重负,许多不应由政府直接管理的公共事业由政府管了,而应该由政府财政提供的公共物品(例如农村教育、社会保障、防治水土流失等)又被遗漏在公共管理范围之外。政府机构改革,就是要通过缩小政府规模,扩大社会公共事业管理范围,达到转变政府职能、提高政府效率的目标。

高素质的政府机构工作人员和公共事业管理队伍,能提升一个民族乃至一个国家在国际上的地位。可以肯定的是,我国未来的国家管理机构队伍中将会越来越多地出现公共事业管理专业培养的高级专门人才。对于公共事业管理专业的同学来说,未来的就业前景可期,但同时要做好充分的准备迎接对人才要求越来越高的政府及党政机关人才市场。

2. 公共事业管理

目前,我国的事业单位是我国各类组织中仅次于企业组织的第二大类组织。事业单位涉及我国诸多行业,但教育、卫生、科研、文化、农林水利、城市公用事业等行业的事业单位数量名列前茅。21世纪初,我国全民所有制事业单位有130多万个,事业单位的总人数接近3 000万,其中教育事业单位人数将近一半,科研、医疗、文化等(即通常所说的"科教文卫体")事业单位人数所占比例也较大。这些公共事业单位实际上是公共事业管理专业人才最"对口"的去向,但目前也实行"凡进必考",实际上并未吸纳该专业的大部分毕业生,这也是目前管理类乃至整个文科毕业生的就业现状。随着公共事业管理专业化需求的提升,特别是现阶段专业化社会的日益发展,公共事业单位将是公共事业管理专业人才重要的就业去向。其中医学类公共事业管理专业毕业生的就业也进一步拓展到卫生管理、医院管理、医药经营管理、药品推销、医疗保险、医疗咨询、医疗器械推广、医药法学、医药国际贸易、医药情报信息管理等医药卫生事业相关的岗位。

3. 公共企业

我国的公共企业绝大多数为国有企业,尽管以企业形式进行管理运行,但却又因是关系国计民生的公共产品或经济命脉所在,往往在市场上缺乏竞争者而处于垄断地位。因为目前高校并未开设公共企业管理专业,因此,公共事业管理专业特别是相关方向(如公共部门人力资源管理方向)的毕业生跟企业管理、工商管理专业的毕业生一样,也是公共企业管理岗位需求的专业人才。实际上,目前高校公共事业管理专业毕业生的就业方向主要是企业,占六七成以上。就目前的就业现状来看,公共管理事业管理专业的很多学生毕业后在企业从事助理、文秘、人力资源管理、行政管理、销售管理、业务代表等方面工作,因为较为综合的素质和能力,往往可以脱颖而出,有较好的晋升和发展空间。

4. 社会服务性组织

尽管非营利性组织和社会团体是公共事业管理专业学生的比较对口的就业去向,但必须承认,公共事业管理专业的开设和发展速度超过了该类组织吸纳该专业的毕业生的能力。在该专业开设初期,各类非营利性组织和社会团体发展不成熟、人员少、规模小,没有办法吸纳很多该专业的毕业生。且整个社会对该类社会服务性组织的认识也不足,由于国家对该类组织的模糊乃至不积极支持的政策,公共事业管理专业毕业生一开始对到该类组织就业也存在一定的疑虑。但是随着政府职能的转变,社会组织的登记、管理将逐渐放开,并成为重要的社会力量。党的十八大明确提出"加快形成政社分开、权责明确、依法自治的现代社会组织体制"的政策信息,李克强总理更多次强调"市场能办的多放给市场,社会能做好的交给社会,政府管好应管的事",凡适合市场、社会组织承担的,都可以通过委托、承包、采购等方式交给市场和社会组织承担,政府办事不养人、不养机构。社会组织将迎来前所未有的发展机遇,各种介于政府和企业之间的社会组织,如各种事业单位、非营利组织、社会团体、民办非企业单位等都将得到广阔的发展空间,这也必将大大促进公共事业管理专业的发展。

可以预见,随着社会组织发展成熟度的提高,社会组织将渐渐成为公共事业管理专业的学生重要的就业渠道。

5. 社区管理与服务

在市场经济条件下,随着大多数的社会成员由"单位人"向"社会人"转变,城市社区在人民生活中的作用越来越突出。随着中国经济社会的深入发展和从"社会管理"到"社会治理"的转变,社会治理逐渐由传统的政府单一治理向多元治理转变。党的十九届四中全会强调,要"健全党组织领导的自治、法治、德治相结合的城乡基层治理体系,健全社区管理和服务机制,推行网格化管理和服务"。随着社会治理从粗放型向精细型发展,由低水平向高水平跨越,社区工作的重要性越来越凸显。作为社会的基本单元,社区是有效联系上级政府和社区居民的桥梁和纽带,无论是作为政府重要的工作领域,还是人们日常的生活空间,其重要性日益突出,社区工作岗位缺口也大规模出现,成为公共事业管理专业学生除了"国考""省考"和事业单位考试之外进入社会管理领域的第四条道路。

与我国城市社区的蓬勃发展相比较,社区管理机构需要的高素质管理人才却严重缺乏,社区管理人员的学历、年龄、专业背景极其不适应需要,管理方式极其落后。近年来,随着部分城市及经济发达地区招考大学生担任社区干部,社区管理人员的总体学历、素质有所提升,但以具备现代管理思想和意识的高素质人才来对现有社区管理队伍更新换代应是当务之急。据广州、南京、北京、上海等大城市人才市场预测,今后相当长一段时期内,社区合格管理人才的需要量将不断扩大。

具体而言,公共事业管理专业人才的社区管理服务就业岗位包括基层人力资源和社会保障管理、基层文化科技服务、基层民政、托老托幼助残服务、基层市政管理、基层农业服务以及其他基层社会管理和公共服务岗位等。随着高等教育从大众化向普及化迈进，越来越多的毕业生到基层社区乃至农村工作，基层社区管理与服务工作将成为公共事业管理专业毕业生重要的就业去向。

除了上述常见的就业去向，因公共事业管理专业综合型、应用型的人才培养特点，该专业的毕业生有广阔的择业空间，"万金油"——这个对该专业的比喻一定程度上说明了该专业就业方向的丰富性。但是需要指出的是，尽管公共事业管理属于新兴的朝阳专业，但由于短时间内开设该专业的高校迅速增多，加上部分高校盲目扩招，为该专业人才的就业带来一定的恶性竞争，造成就业率水平低等问题。为了更好调节人才的供需平衡，近些年来教育部不断进行专业调整与控制，仅2020年就撤销了21所普通高等学校的公共事业管理本科专业。可见，不久的将来，该问题将得到一定的缓解，根据有关权威统计机构统计分析，公共事业管理专业的毕业生平均年终就业率达到80%。可以预见，随着专业设置、培养的理性回归，高校人才培养规模的调整，以及市场竞争引起的自然淘汰和社会认可度的逐渐提升，公共事业管理专业将成为有志于从事该领域工作的学生的极佳选择。作为朝阳专业，公共事业管理专业的就业前景也将逐渐广阔。

二、就业前景

1. 公共事业管理专业人才的社会需求

随着社会经济的迅速发展，市场对于人才多样化的需求也越来越强烈，专业发展必须跟上社会需求的变化。公共事业管理专业正是根据社会发展、公共事业管理变革的需要而设置的。在"科、教、文、卫、体"五个大的专业方向上又分化成若干小的专业方向，因此，公共事业管理专业的就业方向是多样化的，就业机会也是多元化的。

自我国加入WTO后，无论是政府还是非政府组织都需要高素质的公共事业管理人才。其一，许多原先由政府经营的公共事业项目开始了私营化改革，社会资本开始注入这些准公共组织，急需大量的公共事业管理人才；其二，社会的发展带来了更多的公共事务，公共事务的复杂性要求高素质的公共事业管理人才来应对，作为公共事业管理主体的政府部门需要各层次的公共管理人才。因此,公共事业管理改革发展迫切需求高素质的公共事业管理人才。

与公共事业管理改革发展的强烈需求形成对比的是公共事业管理专业人才的严重缺乏。根据调查显示,目前较多的公共事业管理人员并不来自本专业,他们没有相关的学习经历或资质,另外有的专业跨度还相当大。在这些公共组织中,有许多的管理方式还停留在传统的行政管理,机构十分臃肿,办事效率比较低。这种状况已严重影响和制约经济社会的发展。公共企事业单位、党政机关、社会团体以及文教、体育、卫生、环保等公共组织已经不能再把个人看作只通过简单的选拔与培训就可以很容易地填补工作的组织的一员,他们应该被看成公共组织的重要资源。本质上,他们的能力、技能和学识已成为组织竞争能力的重要组成部分,并且已成为公共组织的适应性和学习能力的核心。这就需要高等教育培养更多专门的公共事业管理的高级人才。随着市场经济的发展和中国加入WTO,我国政治体制改革和政府机构改革逐步深入,许多社会事务将由公共管理组织来完成,公共事业管理人才的严重缺乏已日益显现,因此,给了公共事业管理专业教育极大的发展空间。迫切需要高校在公共事业管理专业学科建设中积极拓展市政工程、农村公共事业、社区公共事业、社会保障等公共事业管理范围,形成多方向的专业培养目标。

公共事业管理专业教育在国外已相当普及,也有很长的发展历史。它对培养社会中高级管理人员起了很大的作用。但在我国,却是个新兴学科。根据社会改革现实,并借鉴西方国家对公共事务管理的先进经验,公共事业管理专业经教育部审批作为管理学二级学科而在高校开设。1998年云南大学和东北大学率先创办公共事业管理专业,教育部在1999年5月正式批准开展MPA学位教育。之后,公共事业管理本科教育很快红火起来,国内许多大学纷纷设立公共事业管理专业来培养公共事业管理人才。至2019年底,我国已有400多所高校建立了公共事业管理专业。教育部对公共事业管理专业人才培养目标定位是"厚基础、宽口径",即培养具备现代公共事业管理理论、技术与方法等方面的知识,以及运用这些知识的能力,能在文化、教育、体育、卫生、环保、社会保障等各个公共事业单位从事管理工作的复合型、应用型人才。具体而言,本专业学生应掌握现代管理科学方面的基本理论和基本知识,受到一般管理方法、管理人员基本素质和基本能力的培养和训练,具备现代管理理论、技术与方法,能从事公共事业单位的管理工作,具有规划、协调、组织和决策方面的基本能力,以适应我国事业机构改革的要求,适应我国公共事业发展的需要。

随着我国经济社会的发展,随着社会治理从粗放型向精细型发展,由低水平向高水平跨越,我国社会管理、公共事业领域的人才需求逐渐进入职业化、高要求的阶段。这为公共事业管理专业的毕业生创造了良好的就业机会。

就医药类院校而言,一方面,医药卫生管理作为公共管理的重要组成部分,管理者的专业化培养工作也刻不容缓。我国医药卫生体制改革,要求培养一支既懂医、懂药、懂管理,又能达到卫生事业管理行业标准的职业化的医药卫生管理队伍。目前,我国卫生管理队伍的非专业化现象近些年来正得到一定程度的改善,卫生管理领域但仍然面临着巨大的专业人才的缺口。《中共中央、国务院关于卫生改革与发展的决定》指出:"高度重视卫生管理人才培养,造就一批适应卫生事业发展的职业化管理队伍。"进一步而言,"发展中医药"是我国卫生工作的三大战略重点之一,实现中医药现代化、让中医药走向世界更需要一支既了解现代科学技术、掌握科学管理理论与技能,又通晓中医药基本知识的职业化管理队伍。职业化管理队伍是指通过医药卫生管理专业教育(包括学历与非学历教育)培养或培训的具有医药卫生管理专门知识与技能,在卫生系统中从事医药卫生管理工作的人员。职业化管理队伍建设的基本途径是发展医药卫生管理教育,这就对医药类院校提出了培养新世纪的医药卫生管理人才的要求。

另一方面,根据教育部统一部署,原来医学院校中的卫生事业管理专业划归到公共事业管理专业,卫生事业管理作为专业方向,而不再作为独立的本科专业。然而很多卫生部门在招录人才时,大多数用人单位则看是否为卫生事业管理或者是为公共事业管理(卫生事业管理)专业。为了适应医药卫生管理领域的人才需求,同时应对行政管理专业、企业管理专业、经济管理专业等的竞争,医学类院校积极发挥自身医药卫生学科的行业优势,在公共事业管理专业的人才培养方案和课程设置中,除了注重现代管理学、经济学、法学等方面知识及其应用能力的培养外,也非常注重医药学方面知识及应用能力的培养,着重培养能在公共事业单位尤其是医药卫生领域的企事业单位(医院、卫生行政部门、社区卫生服务中心)从事管理工作的专门人才。

同时,医药类院校开设具有医药卫生特色的公共事业管理专业,也适应了我国当前现代医疗服务体系和健康产业发展的需求。一方面,随着社会的进步、生活水平的提高,人们更加关注自身的生活质量和健康水平。全方位的医疗服务将进一步被开发,医学模式由传统的生物—医学模式向生物—心理—社会医学模式转变。现代医疗服务体系也随之出现,如社区服务、全科医生、家庭护理、计划生育以及临终关怀等,对医药类院校相关专业提出了广阔的需求。另一方面,随着社会主义市场经济的深入发展,医学相关行业也随之飞速发展,许多与人的生命健康有关的预防、保健、康复、咨询等单位蓬勃兴起,健康产业越来越受到社会的关注。这也对卫生事业管理方向的人才提出了新的需求。此外,我国当前正在大力发展社会基层医疗卫生服务体系,也为具有医药卫生特色的公共事业管理专业人才提供了新天地。

党的十八大召开以后,随着我国市场经济体制改革的全面深化,特别是以政府职能转变为突破口的政治体制改革的推进,以及社会管理创新(包括医药卫生体制改革)的展开,公共事业管理作为一个新专业,正面临着十分强烈的社会需求,并且需求量不断提升,可谓朝阳专业,发展前景十分广阔。

2. 公共事业管理专业就业的影响因素分析

公共事业管理本科自1998年开设以来,已经为社会培养了大批公共事业管理高级专门人才,但是本专业的就业情况却不理想,未能实现教育部所设计的在文教、体育、卫生、环保、社会保险等公共事业单位行政管理部门从事管理工作。从麦可思公司统计的2016、2017、2018届本科生毕业半年后的就业率来看,公共事业管理专业毕业半年后的就业率分别是91.6%、91.6%和90.5%,进入了"毕业半年后就业率最高的前50位专业"。与五年前公共事业管理专业的就业率在全国前100个专业中比较靠后的状态相比,有了极大的改善。且从"毕业三年后的就业满意度"统计指标看,2015届公共管理类专业的就业满意度为71%,高于全国本科专业类的平均水平。但是,就未来的就业形势而言,我们仍应持警惕的态度。目前,公共事业管理专业在专业培养上仍需持续改进的几点:

（1）增加专业显示度：由于宣传不到位，从政府、企业到普通民众，对公共事业管理专业知之甚少。毕业生普遍反映在国家公务员招录中，很少有政府部门招考公共事业管理专业学生，即使有的招录职位与本专业很吻合，也没有列示该专业。这种现象在市（县）公务员和事业单位招录中更普遍。这使得大部分毕业生只得报考没有专业限制的职位，而这些职位往往报考的人数特别多，竞争惨烈。同时，教育部研究生专业目录中只有公共管理一级学科下的行政管理，而没有公共事业管理，因此该专业本科毕业生在攻读公共管理研究生时，面临着与行政管理专业毕业生不平等的竞争局面，也使得许多毕业生只有选择相近的专业，甚至转行报考其他专业。本来企业是吸收劳动力最多的经济体，由于其对该专业不了解，造成毕业生失去大块的就业市场。

从根本上来讲，公共事业在我国的改革和市场化进程就比其他行业起步晚，这也就导致了培养公共事业人才的公共事业管理专业发展较慢，这也是公共事业管理人才被社会用人单位了解的程度低的原因。很大一部分人将该专业人才局限地理解为管理类人才，没有和其他诸如人力资源管理、行政管理等管理类专业人才区别开来，没有重视和发挥该专业人才的专业优势，使得公共事业管理专业毕业生就业更加困难。

（2）突显差异与优势：就目前开设公共事业管理专业的高校而言，无论是农业类、经济类、政法类还是医学类高校，普遍都没有在公共事业管理专业建设上突出自身特色，各大高校的课程设置相差无几，培养出来的人才大同小异，并没有根据市场的需求进行差异化培养。

（3）提升学生对自身专业的认识：在一定程度上，公共事业管理学是从行政学中分离出来的，以一种综合、交叉的面貌出现。在发展过程中，公共事业管理学大量地吸收了其他学科的知识和方法。所以公共事业管理专业人才的定位首先是一种复合型人才，这就要求公共事业管理专业人才必须是全能型人才，要学习各方面的知识，不断充实自己。

（4）提高学生综合素质：首先，要利用好"第一课堂"和"第二课堂"的实践教学，提高学生的实践能力。目前，各大高校都注重理论教学，忽视了实践教学的重要作用，与公共事业管理理论与实践并重型的人才培养目标存在一定偏差。其次，要培育学生的公共精神和社会服务意识，通过实践教学体系提升公共事业管理专业学生创造社会价值的专业能力,实现学生、学校、社区三位一体的良性发展,才能实现以职业和社会服务为导向的人才培养目标。最后,提升学生综合素质。随着就业压力的增加,大学生应该把提升自身学习能力、竞争能力、合作能力、人际交往能力等综合素质放在重要位置。

公共事业管理专业人才面对日趋激烈的社会竞争,需要不断地完善自己才能在竞争中脱颖而出,实现自己的价值。在完善自己的过程中,首先要做的就是正确自我定位。在选择公共事业管理作为自己的专业后,要了解公共事业管理的特点。但是在专业学习过程中该专业学生往往将专业定位在一个错误的位置,就使得在整个专业学习过程中找不准方向。

第三节 学历深造

有志于从事公共事业管理教育或研究工作的大学生,也可以进一步攻读学术型的硕士、博士学位,将来进入设有相关专业的高等院校、科研机构从事教学科研工作,成为从事有关公共事业管理的研究人员。

就麦可思针对 2018 届大学毕业生的调查显示,2018 届本科毕业生在读研时选择公共管理[①]大类就读的比例为 1.4%,在统计的 43 个专业类中排名第 10 位,较前几年(2012 年为 2.4%)有所下降。

此外,近年来,随着我国经济的发展,生活水平的提高,越来越多的公共事业专业本科生选择出国留学深造,这也是本专业学历提升的一种途径。由于公共事业管理是我国特有的一种专业类型,国外相近专业一般为公共管理或者非营利组织管理及相关,因此,在申请国外高校研究生时,可选择的国外高校研究生相近专业有:公共事务管理(public affairs management)、非营利组织管理(nonprofit management)、非营利组织与公共管理

---

① 教育部研究生专业目录中设有公共管理一级学科,下面设有五个二级学科,未设公共事业管理二级学科,所以在研究生教育统计中,我们以公共管理大类进行统计。

(nonprofit and public management)等。另外，对于有一定工作经验的公共事业管理毕业生，也可以考虑申请国外 MPA［Master of Public Administration，公共管理（专业）硕士］或者 MPP［Master of Public Policy/Master of Science in Public Policy & Management，公共政策（专业）硕士/公共政策与管理（专业）硕士］项目。MPA 和 MPP 是专门为公共部门尤其是政府机构培养公共服务高级人才的硕士研究生教育项目，与 MBA（工商管理硕士）为私人部门尤其是公司企业培养企业管理人才相对应。

对 2018 届本科毕业生的读研动机进行调查发现，53%的毕业生读研是因为专业就业前景好，49%的毕业生是因为职业发展的需要。结合我们国家社会发展对于公共部门高级管理人才的切实需求来看，公共事业管理专业的学生选择进一步深造也不失为一种很好的选择。

思考题

1. 公共事业管理专业的人才应具备哪些特征？
2. 结合你所在院校的特点以及你自身的优势，为自己制定一份职业计划。

拓展阅读

熙熙攘攘的"国考"

每年的十月，在考试界都会有一场"盛事"——"国考"（国家公务员考试）报名。相比"省考"（省级公务员考试），"国考"更能拨动考生的心弦。据中公教育专家根据官方发布的数据统计，从 2010 年以来，"国考"报名人数基本都是 140 万左右，最多的一年是 2018 年，达到了 165.97 万人。

持续 10 天的 2020 年度国家公务员考试报名工作于 2020 年 10 月 24 日结束，据国家公务员局的统计数据，2020 年度国家公务员招录共提供 1.3 万个职位，计划招录人数超过 2.4 万人，比 2019 年度的招录人数增加了近万人。本次招录共有 139 万人报名，通过资格审查的人数大约 127 万人。

（资料来源：国考报名数据：2020 国考各层级招报情况一览表［EB/OL］.［2020－09－22］. http://www.offcn.com/gjgwy/2020/0922/68404.html.）

关注大学生就业

教育部有关数据显示,2020年我国高校毕业生规模达到历史新高,共计约874万人,比2019年增加40万人,而新冠肺炎疫情的冲击使大学生就业压力增大。我们邀请了3位全国政协委员,围绕如何解决高校毕业生就业创业面临的困难和问题发表意见。

全国政协委员程建平:关爱困难家庭毕业生。

严峻的就业形势下,要关注家庭经济困难毕业生尤其是建档立卡贫困户家庭毕业生的就业工作,及时提供必要的经济资助和就业指导,同时也要关注受疫情影响而家庭经济困难且之前未纳入帮扶对象的毕业生群体。各高校要完善对这部分学生建立的工作台账,和学生保持积极有效的沟通,主动关心学生面临的实际困难。各地区也要针对家庭经济困难毕业生制定专项就业政策,通过定向提供就业岗位、发放就业补助、出台就业兜底保障措施等举措,确保这部分学生顺利就业。

全国政协委员张雪:吸引毕业生到社区就业。

在这次抗击疫情过程中,社区工作的重要性凸显,社区工作者队伍建设也成为重要课题。可以多吸收大学毕业生到社区工作,增加社区网格人员数量,夯实基层治理最后一公里。现在面临的现实问题是,社区工作者工资待遇不高,职业发展通道不畅,即使增加社区招聘人数,也难有更多大学生愿意到社区工作,很多高校的社工专业也在不断萎缩。建议对社区工作者队伍建设进行顶层设计,参照"村官"模式,在社区设置类似岗位,国家财政和地方财政给予支持;也可以考虑在已经考上公务员的大学生中选择一部分先下沉到社区工作一段时间,增进群众感情,提升群众工作能力。

全国政协委员管培俊:挖掘教育系统自身需求。

当前,大学生就业形势严峻,同时教育系统自身又有人才需求,建议把教师补充和促进大学生就业结合在一起综合施策。目前有三个领域的教师队伍亟须补充:首先是学前教育教师队伍,幼儿园入园率持续提高,幼教需求有很大缺口;其次是高校教师数量亟待增加,我国大学目前生师比在17.5∶1左右,还有不小进步空间,很多一流大学甚至能达到12∶1或者10∶1;在线教育也是一个新的增长点。挖掘教育系统自身需求来解决大学生就业问题需要破解一些难题。比如提高人员经费比例,解决编制管理问题,提高教师待遇,以有效吸引大学生就业。

(资料来源:关注大学生就业[EB/OL].[2020-04-02]. http://baijiahao.baidu.com/s? id=16628294199990048246&wfr=spider&for=pc.)

第七章
公共事业管理专业学习辅导

 **内容提要**

公共管理如同其他社会管理一样,具有十分悠久的历史。伴随着公共管理实践的发展,公共管理思想逐步地系统化和理论化,在此过程中,出现了大量的公共管理理论专家和实践者。本章主要按照公共管理理论发展的不同阶段,介绍公共管理相关学科的理论发展与公共行政管理实践中具有较大影响力的代表人物和重要著作,以及目前进行相关研究的主要期刊,为学生学习公共事业管理专业提供更为详细的参考和辅导资料。

第一节 专业名人

一、公共管理理论初创阶段代表人物

威尔逊（Thomas Woodrow Wilson，1856—1924）

伍德罗·威尔逊是美国著名学者，曾任美国普林斯顿大学教授和校长，后任美国新泽西州州长和美国第二十八任总统。1887年，他在美国哥伦比亚大学《政治科学季刊》上发表的《行政学研究》被认为是行政学发端的标志，威尔逊本人也因此被认为是行政学的创始人。威尔逊比较深入地分析、论证了研究国家公共行政管理和建立公共行政管理科学的重要性和必要性，较为准确地揭示了公共行政管理学研究的对象和实质，明确提出了公共行政管理学研究的目标和任务，对公共人事行政管理、公共行政监督以及公共行政道德（伦理）等公共行政管理学研究的具体内容做了阐述，尤其对公共行政管理学研究应该遵循的方法论原则提出了自己独到的见解。

古德诺（Goodnow Frank Johnson，1859—1939）

美国政治学家、教育家。著作有《比较行政法》《政治与行政》《美国的市政府》《美国行政法原则》等。其中，《比较行政法》是其成名作，该书被译成世界各国语言，使古德诺称誉于全世界。1900年的《政治与行政》是古德诺的另一部代表作，被称为美国行政学的第一本专著，与伍德罗·威尔逊的《行政学之研究》并称为美国行政学的开山之作。古德诺从法律角度研究市政机构和管理，研究20世纪初期美国城市政治，是政治与行政分离理论的倡导者之一。他率先系统阐述了政治与行政分离理论，认为政治是表示国家意志的领域，行政是实现国家意志的方法和技术，行政不应受政治权宜措施及政党因素的影响。对美国的行政实践和理论研究都产生了深远的影响。

韦伯（Max Weber，1864—1920）

德国著名社会学家、政治学家、经济学家、哲学家，是一位最具生命力和

影响力的现代思想家。一生致力于社会、经济和政治问题研究,写下了包括《经济与社会》《新教伦理与资本主义精神》《一般经济史》《社会和经济组织理论》《社会学论文集》《政治论文集》《科学论文集》《国家社会学》等大量学术著作,创建了许多颇为著名的理论学说,对社会学、经济学、政治学和管理理论的发展做出了极为重要的贡献,是公认的古典社会学理论和公共行政学最重要的创始人之一,被后世称为"组织理论之父"。

泰勒(Frederick Winslow Taylor,1856—1915)

美国著名管理学家、经济学家,被后世称为"科学管理之父"。著作有《计件工资制》《工厂管理(1903 年)》《科学管理原理》。其中,《科学管理原理》是他最重要的著作,其中提出的科学管理理论,成为 20 世纪在美国和欧洲大受欢迎的管理学说,其影响绵延上百年,迄今仍是管理思想史上的一部光辉经典。某种意义上,可以说,正是科学管理运动的兴起,才促成了西方公共行政管理学的产生和兴盛,而对这场科学管理运动的形成起着决定性影响的乃是泰勒的"科学管理理论"。

怀特(White Leonard,1891—1958)

美国著名行政学家、历史学家、作家、改革家。长期担任芝加哥大学教授和美国文官委员会主席。他擅长公共人事行政管理问题研究,首次将公共行政管理学思想系统化、理论化,为公共行政管理学搭建了一个比较完整的理论框架。怀特认为,在范围广泛的行政事务和纷繁复杂的行政现象中,必须运用科学的方法来建立知识系统和理论原则,以便为政府及其工作人员的行政管理和执法活动提供行为规范和理论指导。他在 1926 年出版了第一部公共行政学教科书《公共行政学研究导论》,这一著作与伍德诺的《行政的研究》和古德诺的《政治与行政》一起,使公共行政学成为一个单独的学科领域。此外,他还发表了一系列有影响的论著,如《行政学的最新趋势》《联邦主义者》和《外国文官制度》等。

二、公共行政管理理论演进过程中的代表人物

古利克(Luther Halsey Gulick,1892—1993)

美国著名管理学家,曾任美国哥伦比亚大学公共关系学院院长,曾经担任罗斯福总统的行政管理委员会的成员,出版了许多关于管理方面的著作。

古利克把关于管理职能的理论系统化,提出了有名的管理7职能论和10项管理原则。著有《组织理论评论》《行政原则》《公共行政的下一步》和《科学、价值观与公共行政》等,并与厄威克合作编著了著名的《行政科学论文集》一书。他曾创建著名的美国国家公共行政研究所,长期担任所长。作为公共行政管理实践家,古利克具有非凡独特的公共服务职业生涯,曾担任财政部部长顾问、美国内部事务协调人办公室教育咨询委员会主任、联合国秘书处救济与恢复行政办公室主任、白宫参谋机构的行政事务助理、纽约市宪章修改委员会委员、纽约市城市规划委员会主席以及各种外国组织和国际组织的顾问等职务。他在美国公共行政领域的声望极高,被认为是美国公共行政管理的化身,被誉为"公共行政的前辈"。他的公共行政管理思想具有一体化和实践化特征,无论对政府作用的研究还是行政功能的探讨,以至对行政组织的分析,都十分注意将其置于一种整体的系统背景之下并且善于将理论和实践有机结合。他的思想被广泛运用于公共部门的组织与管理。

厄威克(Lyndall F. Urwick,1891—1983)

英国著名的管理史学家、教育学家,在英国牛津大学受过教育。曾长期担任英国一家管理公司的董事长。1928—1933年间担任在日内瓦的国际管理协会的首任会长。在任职期间,厄威克因工作需要经常在美国活动,对美国企业管理理论的发展影响很大。厄威克最大的贡献是对经典的管理理论进行了综合。他在《行政管理原理》一书中,把各种管理理论加以综合,创造出一个新的体系:他把泰勒的科学管理理论和科学分析方法作为指导一切管理职能的基本原则,把法约尔的计划、组织、控制3个管理要素作为管理过程的3个主要职能,将法约尔的管理原则放在管理的职能之下,如在控制职能之下的职能有配备人员、挑选和安排教育人员等。著作有《管理的要素》《组织的科学原则》《组织中的委员会》《行政管理原理》,与古利克合著《管理科学论文集》等。

福莱特(Mary Parker Follett,1868—1933)

美国的政治哲学家、社会心理学家、企业管理家。被称为"管理理论之母",是一位具有重大建树的一流学者,在政治学、经济学、法学和哲学方面都有着极高的素养,可以称得上是"管理学的先知"。著有《新国家》《众议院的发言人》《创造性的经验》《作为一种职业的管理》《建设性冲突》《发号施令》《领导者和专家》《权威的基础》《领导的必要因素》《协作》和《控制的过程》等重要论著,并编撰了《动态行政管理》和《自由与协调》这两本著名的论文集。福莱特管理理论的最大特色就在于,她把心理学的研究成果系统地应用到管理的实践活动中。她的理论传递了一个极其重要的信息:在人类社会的一切行为中,相互之间的联系极为重要,可以发挥出巨大的作用。联系和融合是贯串她所有著作的主题。福莱特虽然生活在科学管理时代,但是从学术兴趣和知识禀赋来讲,她却远远超前,开启了社会人理论的先声。

巴纳德(Chester Irving Barnard,1886—1961)

美国著名管理学家,近代管理理论奠基人。在现代管理学领域,巴纳德可以说是首屈一指的大师级人物。他对现代管理学的贡献,犹如法约尔和泰勒对古典管理学的贡献。1938年,巴纳德出版了著名的《经理人员的职能》一书,此书被誉为美国现代管理科学的经典之作。1948年,巴纳德又出版了另一重要的管理学著作《组织与管理》。巴纳德的这些著作为建立和发展现代管理学做出了重要贡献,也使巴纳德成为社会系统学派的创始人。除了以上两本经典著作外,巴纳德还写过许多论文和报告,如《经理人员能力的培养》《人事关系中的某些原则和基本考察》《工业关系中高层经理人员的责任》《集体协作》《领导和法律》等等。由于巴纳德在组织理论方面做出的杰出贡献,他被授予了七个荣誉博士学位。

西蒙(Herbert Alexander Simon,1916—2001)

美国心理学家,卡内基梅隆大学知名教授,研究领域涉及认知心理学、计算机科学、公共行政、经济学、管理学和科学哲学等多个方向。西蒙学识广博,是现今很多重要学术领域,如人工智能、信息处理、决策制定、问题解决、注意力经济、组织行为学、复杂系统等的创始人之一。因其贡献和影响,他在晚年获得了很多顶级荣誉:1975年的图灵奖、1978年的诺贝尔经济学奖、1986年的美国国家科学奖章和1993年美国心理协会的终身成就奖等,他也是诺贝尔奖历史上唯一的一位以非经济学家的身份获得诺贝尔经济学奖的学者。著有《行政管理行为》《人类模型》《组织》《管理决策的新科学》《发明的模型》《思想模型》及《人类活动中的理性》等作品。

林德布洛姆(Charles Lindblom,1917—2018)

美国著名政治经济学家、当代西方著名学者,美国耶鲁大学经济学和政治学斯特林教授(相当于我国的一级教授)。"政策分析"的创始人。他早年在斯坦福大学主修政治学及经济学,后来获芝加哥大学经济学博士学位。他在政治学领域的研究中进行了一些开创性工作,以对政策的分析研究尤其以其提出的"渐进决策模式"享誉美国政治学界和公共政策学界。著有《政策分析》《渐进调适》《决策过程》《政治与市场:世界的政治-经济制度》在内的大量论著,其中《政治与市场:世界的政治-经济制度》被视为20世纪最后25年内最有影响的政治学著作,并荣获美国政治学会最高荣誉奖——威尔逊政治学术奖。其主要理论贡献在于,他在理性主义决策模式的实际运用面临种种困难的背景下提出了试图弥补理性决策模式的不足的渐进决策模式,该模式实际已经成为当今世界许多国家行政决策的基本模式。

威尔达夫斯基(Aaron Wildavsky,1930—1993)

美国公共行政学、政策科学和政治学领域的大师级学者。美国耶鲁大学政治学博士。自1962年起,一直在加州大学伯克利分校任政治学教授。曾担任美国政治学会主席。威尔达夫斯基的学说著作涵盖两大领域:公共政策与政府预算,其中重要学说——渐进预算,从政策分析、渐进主义到建构了三组比较模式,将渐进预算带入美国政府财政上实务的运用。有《预算过程的政治》《怎样限制政府开支》《赤字与公共利益》《预算过程的新政治》等著作。他的理论贡献主要体现在公共预算理论方面。

帕金森(Cyril Northcote Parkinson,1909—1993)

英国著名历史学家,就学于剑桥和伦敦大学,先后在皇家海军学院、利物浦大学和马来亚大学执教,为英国皇家历史学会会员。60年代移居美国,又在哈佛大学任教。1975年,他在马来西亚一个海滨度假时,悟出了一个定律,后来他将自己思考的结果发表在伦敦的《经济学家》期刊上,一举成名。《帕金森定律》一书出版以后,被翻译成多国语言,在美国更是长踞畅销书排行榜榜首,这本著作也使得他在公共管理领域有一席之地。

麦格雷戈(Douglas M. Mc Gregor,1906—1964)

美国著名的行为科学家,在哈佛大学获得哲学博士学位后在哈佛大学任教,后转至麻省理工学院任教。他擅长社会心理学和组织管理学,是人性假设理论创始人、管理理论的奠基人之一、X-Y理论管理大师。麦格雷戈是人际关系学派最具有影响力的思想家之一。出版著作《企业的人性方面》《领导和激励:道格拉斯·麦格雷戈论文集》《职业的经理》等。

沃尔多（Dwight Waldo，1913—2000）

美国政治学家和现代公共行政学者。在内布拉斯加州的一所师范学校任教，之后沃尔多选择深造政治学，获得内布拉斯加州立大学硕士（MA）学位，在耶鲁大学库克（Francis Coker）教授的指导下获得博士（PhD）学位。他的一生都致力于批判将官僚制和政府描述为科学或技术性的（即现在试图用公共管理取代公共行政）。基于沃尔多对现代官僚政府理论的贡献，他被认为是20世纪最重要的政治学家之一。他于1948年出版《行政国家》一书，该书成为公共行政学领域的经典之作。他还有《公共行政研究》《研究行政学的各种观点》《动荡时期的公共行政》《公共行政学的任务》等著作。

三、公共行政管理理论深化过程中的代表人物

里格斯（Fred W. Riggs，1917—2008）

美国著名行政学家，比较行政学和行政生态学创始人，在公共行政学、政治科学，尤其是在行政生态学、比较行政和发展行政方面发表了一系列文章并出版了许多专著：《行政生态学》《发展中国家的行政：棱柱型社会的理论》《泰国：一个官僚政体的现代化》《发展行政的新领域》《重返棱柱社会》等等。其中《行政生态学》是里格斯最重要的代表作，也是行政生态学领域最重要的著作。在这本书中，里格斯给出一个结论：当我们研究一个国家的行政制度和行政行为时，不能只从行政本身做孤立的描述和比较，而必须进一步了解它与周围环境的相互关系。里格斯认为：在发达国家，社会的各个方面，例如经济、政治、行政等，多少都有各自的范围，所以比较容易个别地抽离出来研究；但是，在发展中国家，这些方面往往纠缠在一起，彼此密切地相互影响着，因此研究者必须把眼光扩展到整个社会政治系统的各有关因素，才能把公共行政的真实情况勾画出来。

黑迪（Ferrel Heady，1916—2006）

现代西方公共行政学研究领域具有广泛影响的著名公共行政学家。在华盛顿大学获得政治学博士学位，从事公共行政管理的教学和研究工作，担任过密歇根大学公共行政研究所所长、新墨西哥大学的学术副校长和校长。其最著名的著作当数《公共行政：一个比较的视角》这本比较公共行政研究的奠基之作，奠定了其在西方比较公共行政研究领域的权威地位。

彼得（Laurence J. Peter，1919—1988）

美国的管理学家，现代层级组织学的奠基人，教育哲学博士。获美国华盛顿州立大学学士学位，6年后又获得该校教育哲学博士学位。他阅历丰富，博学多才，著述颇丰。他的"彼得原理"揭示了一个最基本的人事行政原则，就是知人善任、适才适用。他的主要著作有《彼得原理》《彼得计划》《彼得处方》《彼得金字塔》《彼得语录》《彼得的人民》《幽默大处方》《名人的惊人之论》。

德罗尔（Yehezkel Dror，1928—）

著名的政策科学权威，曾在耶路撒冷的希伯来大学和美国的哈佛大学学习法律、政治学和社会学。作为一个政策科学理论家，他在留美期间与兰德公司的著名政策分析家爱德华·奎德合作创办了第一个《政策科学》理论刊物并倡导开办了第一个政策科学国际培训班。至今撰写了著名的政策科学三部曲：《公共政策制定的再审查》《政策科学构想》和《政策科学探索》以及《疯狂的国家：违背常规的战略问题》《逆境中的政策制定》等多部著作。他将自己创造性的理论思维同他作为"政府与公司的医生"而获得的实际经验结合起来，为政策科学的规范化研究做出了举世瞩目的贡献，因而被誉为"政策科学之父"。

弗雷德里克森（H. George Frederickson，1937—2020）

美国当代著名的公共行政学家、西方新公共行政学派的领军人物、堪萨斯大学埃德温·斯滕尼公共行政专业特聘教授，曾担任美国公共行政学会会长、东华盛顿大学校长、密苏里大学公共与社区服务学院院长和印第安纳大学公共与环境事务学院副院长。美国著名公共行政学术期刊《公共行政理论与实践》的主编。著有《新公共行政》《公共行政的精神》等多部享有盛誉的公共行政学专著。

德鲁克（Peter F. Drucker，1909—2005）

享有盛名的美国管理学大师、"现代管理学之父"，其著作影响了数代追求创新以及最佳管理实践的学者和企业家们，各类商业管理课程也都深受彼得·德鲁克思想的影响。在20世纪70年代西方管理科学思想发展十分迅速的重要时期，德鲁克提出了目标管理概念，并在此基础上进一步创立了目标管理理论，对公共行政管理产生了重要影响。主要著作有《管理的实践》《有效的管理者》《效果管理》《管理:任务、责任、实践》,逐步建立了他关于目标管理的理论学说。

布坎南(James M. Buchanan,1919—2013)

美国著名经济学家、公共选择学派代表人物、1986年诺贝尔经济学奖得主。在芝加哥大学攻读博士期间的导师是著名的经济学家、芝加哥经济学派创始人富兰克·奈特。布坎南最著名的理论就是公共选择理论,他是公共选择学派最有影响、最有代表性的经济学家,是公共选择学派的创始人与领袖,因此被称为"公共选择之父"。著述丰富,代表性著作有《同意的计算》《财政理论与政治经济学》《民主过程中的公共财政》《自由的限度》《立契约中的自由》《征税的权利》以及《自由、市场与国家》等。

四、公共行政管理理论拓展中的代表人物

法默尔(David John Farmer,1935—)

美国当代著名行政学家,也是西方后现代公共行政理论流派的主要代表人物之一,现任美国弗吉尼亚州立大学政府与公共事务学院教授,先后获得英国伦敦大学经济学博士学位和美国弗吉尼亚大学哲学博士学位,并于从事行政管理教学和研究工作之前在美国政府部门任职多年。作为一位具有广泛影响的行政学家,他以广博的知识背景和丰富的行政经验长期致力于行政学理论研究。他对西方行政学发展的最大理论贡献便是其后现代公共行政理论。代表著作有《公共行政的语言:官僚制、现代性与后现代性》《行政理论再思考:新世纪的挑战》等。

库珀(Terry L. Cooper,1938—)

当代美国著名的行政伦理学家,现任美国南加利福尼亚大学政策、规划与发展学院资深教授。长期致力于公共行政伦理与公民权方面的研究,主要代表作有《公共行政管理的公民伦理》《模范公共官员:政府中的个性与领导》《负责任的行政官员:行政角色的伦理探讨》等,是美国乃至整个西方世界行政伦理学研究领域的领军人物。

登哈特(Robert B. Denhardt,1942—)

美国著名的行政学家,1968年在肯塔基大学获公共行政博士学位。登哈特以在公共行政理论和组织行为方面的研究,尤其是对领导和组织变革

的研究最为著名。在《新公共服务：服务，而不是掌舵》一书中，他开发了一种新的治理模式，这种模式强调让公民参与到社区治理中的需求。主要代表作还有《公共组织理论》《公共行政：一种行动取向》《意义之寻求》《公共组织与非营利组织中人的行为管理》《公共服务的新生》《公共服务中的行政领导》等。

第二节　专业名著

一、西方政治学经典名著

《政治科学》(全球版·第十四版)，(美)迈克尔·G.罗斯金等著，中国人民大学出版社2021年出版。本书被多个国家的高等院校广泛采用作为政治学教科书。作为经典入门书籍，作者以言简意赅、生动引人的笔墨勾勒出现代政治的基本轮廓和运作框架，告诉读者政治学是什么、政治学有什么用处、现代政治是如何运作的。这对于那些认为政治很抽象、是一项精英的高深智力游戏的读者而言，无疑开启了崭新的视角。同时，这本书运用世界各国丰富、真实的案例来向读者介绍政治科学的整个领域，将思考政治的方式、个人与政府的关系、政治参与的价值娓娓道来，向读者展示了与生活密切相关的生动的政治科学理论谱系。这本书的另一大特点是作者持论公允，采用兼容并包的方法，避免兜售任何单一的理论、概念框架和范式，以科学、客观的态度分析不同的意识形态和政治体系。因此，这本书对观点各异的人来说，都有重要的参考价值。此外，这本书还增加了研究方法的专栏。各章后面附有关键术语和关键网址以及参考书目，对于进一步的研究很有裨益。它是高等院校相关专业学生的必读书目，也是政治学者和政府官员的重要参考书。

《政治社会学导论》，(美)安东尼·奥罗姆著，张华青等译，上海人民出版社2014年出版。这本书是国际知名的社会学家安东尼·奥罗姆的代表作之一,也是政治社会学领域的经典之作。全书从理论出发并适当结合现实,对政治的广泛社会基础进行了描述,分析了政府的政策和行为影响其国家和人民命运的方式,从经济和政治、国家和社会、公民社会和政治等多个方面介绍了政治社会学的基本原理,尤其精当地介绍了托克维尔、马克思、韦伯、涂尔干、帕森斯等一批代表学者的理论。从功能来看,奥罗姆最终是把这本书当作教材的;但是从创作来看,奥罗姆是把这本书当做学术著作来写的。系统的分析框架、系统的现实关怀加上比较切实的学术定位,使这本书真正展现了现代政治生活的过去、现在与未来,以及现代政治生活的理论与实践、危机与挑战。这本书既是政治社会学的最佳入门书,又堪称跨学科研究的典范。

《西方政治思想史》,(英)约翰·麦克里兰著,彭淮栋译,中信出版社2014年出版。这本书是一部不可多得的政治思想史入门读物,广受欧美大学师生和社会大众读者欢迎。这本书全面介绍从古希腊至20世纪晚期的政治思想演变,重点讲述了1 500年之后现代政治思想和实践的兴衰。同时,用鲜活笔触再现了42位重量级思想家的人生故事,并立足经典,以生动叙述带领读者直接和思想家交流;强调鉴古知今,启发读者对今天的政治进行深入思考。

《文明的冲突与世界秩序的重建》,(美)塞缪尔·亨廷顿著,周琪等译,新华出版社2010年出版。这本书的作者塞缪尔·亨廷顿是国际政治研究领域著名学者,曾任美国哈佛国际和地区问题研究所所长。1993年夏,他在美国《外交》杂志上发表了题为《文明的冲突》的文章,引起国际学术界普遍关注和争论。这本书中作者认为,冷战后,世界格局的决定因素表现为七大或八大文明,即中华文明、日本文明、印度文明、伊斯兰文明、西方文明、东正教文明、拉美文明,还有可能存在非洲文明。冷战后的世界,冲突的基本根源不再是意识形态,而是文化方面的差异,主宰全球的将是"文明的冲突"。这本书所持观点公允与否,在学术界存在很大的争论。但书中对现今世界各种文明的深入研究和剖析,对读者会有重大的参考价值。

《正义论》,(美)约翰·罗尔斯著,何怀宏等译,中国社会科学出版社2009年出版。这本书是一部具有里程碑意义的政治与伦理著作,被誉为"二战后伦理学、政治哲学领域中最重要的理论著作"。作者约翰·罗尔斯试图用经过改良的社会契约论的方式来处理分配公正的问题。由此产生的理论被称为"作为公平的正义",罗尔斯的正义原则源于两个方面:自由原则和差别原则。由于功利主义在现代政治和道德哲学中占主导地位,其他理论,如直觉主义,没有提供能与之抗衡的正义观和道德观。这本书主张以一种更抽象的社会契约论来替代功利主义。其出发点是:社会基本结构是正义的主题;人们在达成其他协议之前,首先要就社会制度的原则达成协议。然而这种缔约不是一种实际的历史行为,而是在假定的原初状态中的选择的结果,它是互相冷淡的个人在无知之幕背后的选择。契约目标是选择一种指导社会基本结构设计的根本道德原则即正义原则。对所选择的原则的直接检验是看按它们安排的社会制度是否符合人们的直觉判断,另一个检验是看它们是否符合人们的目的。由此产生了这本书的三个部分:理论、制度、目的。

《政治科学的理论与方法》,(英)马什等编,景跃进等译,中国人民大学出版社2013年出版。这本书介绍和分析了当代政治科学中的行为主义、制度主义、马克思主义以及规范理论、阐释理论等研究取向和学术流派,并对其研究方法和研究议题做了详尽的综述。

二、西方管理学经典名著

《管理学》(第13版),(美)罗宾斯等著,刘刚等译,中国人民大学出版社2017年出版。想知道管理到底是什么,管理到底要解决什么问题,可以先阅读罗宾斯的《管理学》。这本书位列全球基础管理学教材的榜首,自引进我国以来,深受国内学界和业界的欢迎,也影响了无数的中国读者和管理者。全书以管理的四大职能——计划、组织、领导、控制为主体脉络,环环相扣,逻辑清晰,全面覆盖了管理理论的主要知识点,将管理理论与管理实践紧密结合,帮助读者提升管理技能。

《管理学:全球化与创业视角》,(美)海因茨·韦里克、哈罗德·孔茨著,经济科学出版社2008年出版。这本书涉及当前热点问题,包括蓝海战略、移动商务、客户关系管理、价值链和供应链管理以及外包。这本书理论联系实际,既可以帮助读者掌握坚实的概念,又能使读者将之付诸其管理生涯之中。这本书融会较新的、反映领先世界级组织的范例,具有全球化聚焦特色。此外,书中广泛涉及了创业理念,提出了个人和企业创业精神是贯穿21世纪的主要管理挑战和机遇的论断。并且运用了大量的企业创业、创新范例和案例。该版本整体框架仍基于管理系统模式,但涉及的内容超越了北美洲区域的界限,引入了欧盟、亚洲(包括印度)以及拉丁美洲企业的范例。

《管理学:技能与应用》,(美)莱斯利·鲁等著,刘松柏译,北京大学出版社2013年出版。这本书以成为一名成功的管理者所必备的技能为核心,主要从计划技能、组织和人员配备技能、领导技能和控制技能几大方面,以精练、直接、通俗易懂的方式阐述了管理学的基本原理和概念,每章都配有大量的案例分析、技能构建练习,非常适合中国学生阅读和教师教学需要。作者莱斯利·鲁(Leslie W. Rue)是美国佐治亚州州立大学罗宾斯商学院管理学教授,Carl R. Zwerner家族企业教授席位获得者。鲁博士曾任职于印第安纳大学商学院,出任美国五角大楼军事管理系统支持机构数据程序项目官员,任Delta航空公司工程师。此外,他还为众多的私人组织和官方组织做过计划、组织和战略方面的咨询和培训工作。

《管理学:能力培养取向》(第9版),(美)唐·黑尔里格尔等著,张燕等译,中信出版社2005年出版。这本书充分结合了MBA的案例教学优势,着重培养学习者的六大核心管理能力,即自我管理能力、战略行动能力、全球意识能力、协作能力、计划和管理能力、沟通能力,这些能力的培养被证明是学生们在职业生涯早期获得成功所必需的。

《组织行为学基本原则》,(美)尚普著,宋巍巍、张微译,清华大学出版社2004年出版。这本书适于作为组织行为学的入门教材。在内容方面,这本书的逻辑性较强,内容丰富。全书围绕着组织行为学这个中心,分别从个体过程、群体过程、组织过程、组织设计和组织变革等角度广泛论述了组织中的各种行为问题。这本书取材丰富、涵盖面广,并贴近每个人的现实生活。例如,在各章中的"开端插曲"和"电影中的组织行为学"等专栏中,作者所选用的基本上都是为大众所熟悉的新闻报道和电影资料。这本书还可供相关领域的管理人员和研究人员作为学科参考手册使用。

《管理学基础:概念、应用与技能提高》(第2版),(美)卢西尔著,高俊山、戴淑芬译,北京大学出版社2011年出版。这本书遵循经典管理学的基本框架,涵盖管理学的传统概念和当今热点问题。全书贯穿了情境管理的理念,通过引例、自测练习、概念应用、加入讨论等专栏以及每章的技能提高练习，使读者在理解管理学基本概念及其应用的基础上切实掌握必需的管理技能，成为在工作中游刃有余的管理者。

《组织理论与设计》(第10版)(美)理查德·L.达夫特著，王凤彬等译，清华大学出版社2011年出版。每个成功的企业都有一个好的战略，失败的企业背后也往往隐藏着错误的战略。这本书从组织理论角度，将组织理论概念和模型与现实世界中变化的现象结合起来，提炼出最新的组织设计观点，供指导实际工作用。这本书系统反映了国际上组织理论与设计的最新成果，从对现实社会中各类组织的观察和分析入手，以理论与实践密切结合的方式，通过对组织的结构设计及相关影响因素进行由浅入深、循序渐进、生动有趣和富有逻辑性的介绍和阐述，展现了西方组织理论的概貌、组织模式的历史演变与最新发展，以及组织设计的实务和方法等方面，从组织学角度形成一种框架性认识。这本书不仅是对"组织"的一种宏观考察，具有独到的研究角度和理论体系，同时又与考察微观层面的"组织行为学"，构成重要的互补关系。这本书设计新颖，将三个简短的观点性论题安排在每章开头，鼓励学生对即将学习的材料和概念表达自己的观点。

三、制度经济学经典名著

《制度经济学》，(美)康芒斯著，赵睿译，华夏出版社2013年出版。制度经济学产生于19世纪末20世纪初。凡伯伦、康芒斯、米契尔是早期制度经济学三位有名的代表人物。他们在研究方法和具体观点上各有特点，由此形成了制度经济学的二个流派。康芒斯代表制度经济学中的法律流派。他在一切制度因素中特别重视法律制度的作用，认为法律制度是决定社会经济发展的决定力量。对于资本主义社会普遍存在着的利益冲突，通过国家，特别是通过法院的"公正调节"，就可以"从冲突中建立秩序"，实现一种"合理的资本主义"。《制度经济学》是康芒斯阐述上述理论的主要著作，也是制度经济学的代表性著作之一。

《制度与行为经济学》，(美)阿兰·斯密德著，刘璨、吴水荣译，中国人民大学出版社2004年出版。这本书作者是美国密歇根州立大学终身教授阿兰·斯密德(Allan A. Schmid)博士。书中对新古典经济学的众多观点提出了疑问,扩大了人们对现实经济运行的认识的视野。这本书内容丰富多彩,既有对行为经济学、制度与组织的分析,又有对人类相互依赖的根源、方法论、市场、技术与增长及劳动制度的阐述,更有对宏观经济制度、政治制度变迁分析的展望。作者从信息不完全性、有限理性等假设入手,采用其建立的独特的研究制度与绩效之间关系的范式——SSP 范式,即状态—结构—绩效范式,并把它作为一个通用范式应用到政治制度、宏观经济制度、劳动力制度、技术制度等方面,为开展制度分析提供了很好的制度框架。作者不仅构造出完整的理论框架,而且采用了大量的案例分析,案例还包括了一些对中国经济体制改革等方面的制度分析。

《福利国家经济学》,(英)尼古拉斯·巴尔著,郑秉文、穆怀中译,中国劳动社会保障出版社 2010 年出版。《福利国家经济学》是巴尔教授的扛鼎之作。尼古拉斯·巴尔系英国伦敦经济学院经济系的经济学教授、国际著名的福利经济学家,是福利国家经济学的主要奠基人。这本书在我国研究社会保障的学者中间有较高的知名度,引用率较高,被许多大学作为教科书或教学参考书。书中所阐述的关于福利国家的基本经济理论不仅适用于所有工业化国家,而且还适用于转型国家和许多中等收入的发展中国家。这本书具有四个鲜明的特点:第一,试图在传统的经济学理论框架与福利国家的相关问题之间建立起一个自然的"对话渠道"和桥梁,将福利国家的有关问题予以整合,使之能够和主流经济学或经济学的核心内容联系起来以达到二者完整的统一。第二,试图通过经济学的规范分析来解释和论证福利国家的存在是否有效率。第三,这本书将教育尤其是公共住房政策予以专门的实证与规范分析。第四,运用了比较研究的方法。

《公共问题经济学》,(美)罗杰·勒罗伊·米勒、(美)丹尼尔·K.本杰明、(美)道格拉斯·C.诺思等著,中国人民大学出版社 2019 年出版。这本书用经济理论系统阐释了公共政策。全书分为七篇 30 章,就"经济分析基础""供给与需求""劳动力市场""市场结构""政治经济学""财产权与环境"以及"全球化和经济繁荣"这些令人感兴趣的公共经济问题进行了深入细致的探讨。

《国富论》,(英)亚当·斯密著,郭大力、王亚男译,上海三联书店 2009 年出版。现代经济学的主要创立者亚当·斯密的《国富论》被誉为"西方政治经济学的《圣经》""影响世界历史的十大著作之一"。《国富论》全名为《国民财富的性质和原因的研究》。《国富论》一书的中心任务是弄清楚国民财富的性质和原因,以达到国民富裕的目的。全书共有五个篇章,分为上、下两部。在序言中,亚当·斯密概括讲述了对国民财富的产生主要起决定作用的两个因素。在接下来的五篇中,他从国富的源泉——劳动,说到增进劳动生产力的手段——分工,因为分工而引起交换,从而论及作为交换媒介的货币,再探究商品的价格以及价格构成的成分:工资、地租和利润。充分、系统地论述了关于价值、市场、竞争、经济目标的分析、经济政治学、财政学等一系列观点,以高屋建瓴的气势建立起一座经济理论的大厦。亚当·斯密在《国富论》中第一次将市场比作"看不见的手"。几百年来,"看不见的手"已经成为市场的代名词。作为西方经济学的鼻祖,亚当·斯密曾被无数次引用和解读。

《社会资本——关于社会结构与资本的理论》,(美)林南著,张磊译,上海人民出版社2005年出版。林南是社会资本理论的创始人之一,他的这本耗时颇长、内容详尽丰富的著作将结构社会学领域的重要理论挑战和已经取得的成就又向前推进了一步。这本书可读性极强,而且与今天最有趣的经济生活中的社会学问题相关,成功地开辟了研究社会资本的理论性影响与实际性影响的新途径。在该书中,林南将社会资本理论放在资本理论(古典资本理论与新古典资本理论)的体系之中,详细阐述了社会资本的要素、命题和理论发现,介绍了研究计划与研究议程,对个体行动与社会结构之间的互动意义进行了理论说明(在对首属群体、社会交换、组织、制度转型和数码网络的论述中)。林南开创性地提出并且令人信服地解释了"你认识谁?"和"你知道什么?"在生活与社会中具有重要意义。林南的社会资本理论以广阔的理论视野论述了社会资本概念和特征,同时突破了社会学方法论的二元对立困境,为社会学研究开辟了新的途径,成为一个新的解释范式。

四、公共行政学经典名著

《公共行政的精神》,(美)乔治·弗雷德里克森著,张成福等译,中国人民大学出版社2013年出版。全书从公共行政的本源——"公共性"谈起,对涉及公共行政领域的公正、公平、公民精神、行政自由裁量权等问题进行了深入细致的分析，指出当代公共行政在动荡的变革环境下，必须在政治、价值与伦理方面进行恰当的定位，从而构建公共行政官员所应遵循的价值规范与伦理准则，以建立现代民主政府，并确保政府治理的有效性。特别需要强调的是，作者在这本书最后提出的公共行政八个原则值得每一位研究公共行政的专家、学者以及对公共行政感兴趣的读者加以研读与思考。

《官僚政治》(第5版)，(美)彼得斯著，聂露等译，中国人民大学出版社2006年出版。作为公共管理领域的大师，这本书的作者围绕公共官僚的扩张及其制衡的最新发展，从政治与行政文化、公共官员的招募、行政机构、公共预算、行政职责等维度展开层层剖析，对公共官僚的政治和政策制定者角色进行了深入的探讨，也强调了政治和利益团体对官僚的影响，并对上述方面的行政改革进行了独到的评析和展望。这本书采用比较分析的研究方法，为读者提供了一个于错综复杂的变革背景下清晰了解世界各国官僚体制的极好的视角。

《公共行政：管理中的角色模拟与案例分析》，(美)沃森著，竺乾威等译，上海财经大学出版社2003年出版。这本书通过24个涉及公共和非公共部门的当代实际的角色扮演案例，来解决这些困境：如何确保机场的公共安全，如何确定是无意的碰撞还是性骚扰，如何处理士气低下和是否跳槽之类的问题，如何与一位勇于开拓的上司一起对项目管理者提供帮助，如何处理警察部门的种族形歧视等。这本书的一个引人注目之处在于分析了一些有关市政的案例，这些案例涵盖了诸多的内容。通过研读这些案例，可以使得公共行政人员成为一名更有思想和更有效率的管理者。

《公共行政的语言：官僚制、现代性和后现代性》，(美)戴维·约翰·法默尔著，吴琼译，中国人民大学出版社2005年出版。这本书采用一种反思性语言模式，将现代性和后现代性视作人类的两种心灵模式，并从这两个维度对公共行政话语进行了解构式的阅读。作者认为，在现代主义的视角中，公共行政被建构为一种科学、技术、企业或者一种阐释；而在后现代主义的视角中，对想象、解构、非地域化和他在性的强调为变革公共官僚制以及公共行政的世界提供了契机，在这里，所有的意义都遭到解构，所有的边界都被瓦解，行政为反行政所取代。

《公共行政的合法性——一种话语分析》，(美)O. C. 麦克斯怀特著，吴琼译,中国人民大学出版社2016年出版。这本书是一部由后现代主义者撰写的具有强烈的后现代精神的著作,问世之后即声名鹊起,被认为是美国公共行政学术史上的经典之作。全书从弗里德里克与芬纳之争谈起,引出这本书的焦点问题——公共行政的合法性,对各个时期美国公共行政理论的缘起、发展和话语架构进行了独到的批判性分析,对公共行政的合法性基础进行了深刻的反思,对传统公共行政的话语结构,尤其是"理性人"的意识形态做了全面的检讨,并从性别理论的角度说明了合法性和异在性之间的联系,提出了以实用主义重建公共行政的可能性。

《后现代公共行政:话语指向》,(美)福克斯、(美)米勒著,楚艳红等译,中国人民大学出版社2013年出版。这本书被称为美国后现代公共行政理论里程碑式的著作。作者在对美国现代和后现代公共行政的现状和理论进行批评性反思的基础上,通过吸收西方现代哲学尤其是现象学与现代物理学的基本概念,以话语理论为立足点,对后现代状况下公共行政的问题逐一进行了分析,并提出要以开发性的对话模式来激发公众的参与意识,以确保公共行政有效实施。

《公共行政学新论:行政过程的政治》,(美)詹姆斯·费斯勒等著,陈振明等译,中国人民大学出版社2013年版。这本书是美国公共行政学领域最有影响的著作和最具权威性的教科书之一,全书立足于当代西方特别是美国政府管理的实践,用大量现实资料及案例对公共行政学的原理进行深刻的阐述和剖析。书中涉及公共行政学的研究范围、政府的角色、公共组织理论、文官制度、公共政策的制定和执行、民主制中的行政等主题,尤其是强调了政治与行政的密不可分,以及民主社会中立法和司法机关对行政机关监控的重要性。这本书是美国高校广泛使用的教材或教学参考书,它对我们借鉴西方公共行政学的理论成果,探索具有中国特色的公共行政体制及公共管理模式具有重要的参考价值。

《比较公共行政》,(美)海迪著,中国人民大学出版社2011年出版。这本书立足于变化中的全球政治图景和比较公共行政的最新进展,对现代民族国家的政府官僚机构进行了全方位的比较研究。针对世界上现有的近200个国家和地区各不相同且极其复杂的行政系统,作者既分类研究了发达国家的"古典"的行政体制和"变异"的行政体制,又分类研究了发展中国家的官僚主导的行政体制和政党主导的行政体制,并对每类行政体制的代表性国家的行政组织、高级官僚、行政与政治的关系进行了深入分析。此外,对比较公共行政的演进历史及比较政治科学、发展行政管理和比较公共政策等密切相关的学科,对官僚制的概念、文官制度的结构类型、行政生态环境、里格斯的"棱镜"模式、普适性公共行政的构建、政体类型和官僚组织类型的对应关系,对国家行政制度的历史渊源以及与制度转型概念相关的现代化、发展和变革等概念也都做了精辟的论述。

《官僚制内幕》,(美)安东尼·唐斯著,郭小聪译,中国人民大学出版社2017年出版。这本书是公共选择学派代表人物安东尼·唐斯的代表作品,全书对官员和官僚组织进行了深入透彻的研究,使其成为官僚制研究的经典著作。作为一部剖析官员与官僚组织行为、透视官僚制内幕的经典之作,这本书构建了一种有用的决策理论,该理论通过对官员动机、行为模式等方面进行分析来帮助人们认识官僚组织的行为,从而提高决策质量。在这本书中,作者将官员分为权力攀登者(climbers)、保守者(conservers)、狂热者(zealots)、倡导者(advocates)、政治家(statesmen)五种类型,在此基础上,分析官员的动机、目标和行为对官僚组织决策的影响,探讨官僚组织所承担的社会职能及其所处的环境对其结构、行为和决策的影响。

《政治体制中的行政法》,(美)肯尼思·F.沃伦著,王丛虎等译,中国人民大学出版社2005年出版。这本书是美国第一本专门为公共管理专业方向所撰写的行政法教材,被美国与西欧国家许多大学和教育机构所选用。与普通行政法教材不同的是,这本书从一个全新的系统理论角度全面分析了美国政治体制中的行政法。全书以直接参与行政法律关系的行动者为切入点,进而结合美国公共管理所涉及的问题,主要从行政权的发展历程、行政程序的目的、行政法规的制定、行政命令的发布、行政自由裁量行为、对授权的司法审查以及社会权利和个人权利的平衡等方面,详细介绍了美国行政法以及相关前沿性问题。同时这本书还辅以生动的案例,为我们了解美国行政法提供了详尽的素材。

《公共行政与公共事务》,(美)尼古拉斯·亨利著,孙迎春译,中国人民大学出版社2017年出版。这本书是尼古拉斯·亨利教授的代表作品,也是美国公共行政领域的一部经典著作。这本书首先分析了美国民主政体与官僚制度之间旷日持久的紧张关系,作者认为美国文化背景下公共行政的传统可以归结为"制约"一词,但强大的政治、社会、经济和技术力量为官僚带来了越来越大的权力,从而导致这种制约出现了逐步减弱的趋势。接下来,这本书回顾了公共行政的发展历程,并将其归纳为政治与行政的二分法、行政原则、作为政治科学的公共行政、作为管理学的公共行政、作为公共行政学的公共行政、治理等六个理论范式。在此基础上,这本书对公共生产力与绩效评估、政府融资与预算编制、公共部门人力资源管理、公共政策的制定与执行、跨部门行政与政府间行政、公共部门伦理等公共管理与公共政策中的重点理论进行了深入的分析和阐释。

《新公共服务:服务,而不是掌舵》,(美)珍妮特·V.登哈特、罗伯特·B.登哈特著,丁煌译,中国人民大学出版社 2016 年出版。登哈特夫妇的《新公共服务:服务,而不是掌舵》是新公共服务学派的代表作品,同时也是公共行政领域中一部具有里程碑意义的著作。与新公共管理理论提出的政府应"掌舵而不是划桨"的理念不同,新公共服务理论强调的正如这本书的副书名所揭示的那样,它认为政府应"服务,而不是掌舵"。这部广受赞誉的著作呼吁人们重新重视民主、公民权、公共利益等公共行政中的卓越价值。这本书在对传统公共行政,特别是新公共管理理论进行反思和批判的基础上,通过比较分析,从以下七个方面系统地阐述了新公共服务的基本理论内涵:第一,服务于公民,而不是服务于顾客;第二,追求公共利益;第三,重视公民权胜过重视企业家精神;第四,思考要具有战略性,行动要具有民主性;第五,承认责任并不简单;第六,服务,而不是掌舵;第七,重视人,而不只是重视生产率。

五、公共政策学经典名著

《公共政策分析导论》,(美)威廉·邓恩著,谢明等译,中国人民大学出版社 2011 年出版。这本书集公共政策分析的概念与方法之大成,运用"以问题为中心的政策分析"方法架起公共政策理论与实践的桥梁,体现了作者独到的见解和深刻的认识。作者对公共政策分析领域进行了全面的梳理和总结,从宏观到微观,深刻、系统地阐述了政策分析的方法及政策分析在制定过程中的作用和功能;并对政策分析方法的运用进行了详细介绍,包括政策问题构建、政策前景预测、政策行动建议、执行结果监测和政策绩效评价等。公共政策分析导论不仅有利于掌握政策分析的主体理论,而且有助于了解和运用政策分析的具体方法。

《公共政策分析:理论与实践》,(美)戴维·韦默、(加)艾丹·R.瓦伊宁著,刘伟译校,中国人民大学出版社2013年出版。这本书是公共政策领域的一部经典教材,系统地介绍了公共政策的基础理论、各种政策分析工具的使用方法及其局限性,并对如何进行政策分析给出了实际操作建议。全书以一个政策分析的案例开篇,对政策分析的基本概念进行了简要阐述;在此基础上,对公共政策分析中的问题分析和解决方案分析的相关理论进行了深入的探讨,对市场失灵和政府失灵问题进行了重点剖析。作者在对信息收集、问题分析、解决方案分析等公共政策分析的各个步骤依次进行介绍的基础上,用两个案例回答了公共政策分析中的两个重要问题:一是成本-收益分析是如何进行的,二是什么时候统计数据才是有价值的。最后,作者提出,在公共政策分析中,应该将做得更好与做好的事情结合起来,这样才能更好地维护公共利益。

《公共政策评估》,(美)弗兰克·费希尔著,吴爱明等译,中国人民大学出版社2003年出版。这本书通过对公共政策评估和社会科学的深刻反思,提出了全新的公共政策评估方法,即将事实和价值结合起来进行评估的多重方法论框架结构,并研究探讨了该理论框架的四种形态:项目验证、情景确认、社会论证和社会选择,每一种形态都有具体案例和思考题与之配合。该书的研究方法和分析框架对于公共政策的制定、执行、分析和评估具有重要的实践指导意义和参考价值。

《集体行动的逻辑——公共物品与集团理论》,(美)曼瑟尔·奥尔森著,陈郁等译,格致出版社2017年出版。奥尔森教授撰写的这本书是公共选择理论的奠基之作。这本书不仅是经济学的重要著作,也是社会学的必读书目。这本书作者奥尔森创造性地在集体行动的研究领域引入了传统经济学经常强调的个体主义方法论的视角。公共选择理论,是在20世纪50年代末和60年代初以来,现代经济学中兴盛、发展起来的一门新的分支,它研究的是传统经济学不予关心的非市场决策问题。传统经济学之所以不研究这类问题,无非是认为,由于诸如此类的决策和行动是由非市场因素决定的,所以就超出了经济学有关行为的传统假定。可现代经济学的拓展和进步恰恰证明了非市场问题并不意味着不能用经济学的方法来研究。相反,公共选择理论从它诞生的那一天起就牢牢扣住了"经济人"这个最基本的行为假定,认为除了参与私人经济部门活动的人之外,公共活动的参与者也受制于此,都有使自己行为最大化的倾向,无行为主体的所谓的公共利益是不存在的。现在,公共选择理论已经渗透到对社会、经济、政治生活各个方面的研究当中。

《公共政策工具——对公共管理工具的评价》,(美)彼得斯等编,顾建光译,中国人民大学出版社 2000 年出版。这本书呈现给读者的是关于政策工具研究的艺术,其中结合了来自欧洲和美国经验的洞见,可供详细剖析政策工具的性质并对其加以利用。这本书首先分析有关政策工具探讨的背景,并勾勒出其在公共管理领域的发展。其中包括对工具论、程序论、条件论、构成论等四个关于政策工具研究的不同思想学派的阐述。提出对政策工具选择标准考虑的出发点是它们作为管制、经济以及沟通手段的有效性。同时论述了各国政府近年来在限制市场的干预方面所做的努力,并提出了公共政策在这方面持续面临的问题。

《政策过程理论》,(美)保罗·萨巴蒂尔主编,彭宗超等译,三联书店 2004 年出版。这本书由美国著名公共政策学者保罗·A. 萨巴蒂尔(Paul A. Sabatier)教授主编,汇集了当前西方公共政策最具代表性的专家学者所撰写的有关政策过程理论问题的多篇文章,介绍了政策过程的阶段性方法、多元分析框架、制度理性选择框架、间断-平衡理论、支持联盟框架、政策研究中的创新和传播模型、政策过程与大规模比较研究等,并对各种分析框架进行了比较和评估,同时还对政策理论的发展和趋向进行了前瞻性的展望。该书将为中国公共政策过程的理论研究和实际操作提供一些参考性框架。

《议程、备选方案与公共政策》,(美)约翰·W. 金登著,丁煌等译,中国人民大学出版社 2017 年出版。这本书是一部在当代西方公共政策研究领域享有盛誉的学术专著和权威教材。它在广泛深入的实证调查和案例研究的基础上,以其特有的研究方法和语言风格,通过对"问题是如何引起政府官员关注的、备选方案是怎样产生的、政府议程是如何建立的"这样一些被人们长期忽视的重要问题进行系统分析和回答,颇有说服力地率先对公共政策形成过程的核心环节(议程建立和公共政策形成的内在机理)进行了科学的探讨。这本书英文版出版不久后便因其鲜明的理论创新和方法论特色在美国政治学与政策科学界产生了广泛的影响,被誉为"公共政策研究的不朽之作",并于 1994 年获得由美国政治学会颁发的阿伦·威尔达夫斯基奖。

《政策悖论:政治决策中的艺术》(修订版),(美)斯通著,顾建光译,中国人民大学出版社 2006 年出版。这本书是公共政策领域的一部具有重要学术地位的著作,在美国的高校、研究机构流行,是当代政策分析领域的一部享有盛名的经典之作。这本书体现了作者锐利的理论洞察力,展示了与一般实证分析不同的独到的政策分析维度,并揭示了政策分析背后的价值倾向。例如,这本书列举了诸如公平、效率、自由乃至测度这些主要的政策分析范畴,指出这些看来平常的范畴背后的价值倾向、它们所反映的不同利益内涵。这些价值的冲突(悖论)与调和体现在政策分析和政策制定的全过程中。

《发展型社会政策》,(英)安东尼·哈尔、(英)詹姆斯·梅志里著,罗敏等译,社会科学文献出版社 2006 年出版。社会政策在发展方法和实践中起到日益重要的作用,这本书对此提供了最新的指南。作者介绍并解释了主要的概念争论、最新的政策讨论,同时应用实例来说明这一领域的最新发展情况。话题包括:贫困、农村发展、城市发展、教育、医疗卫生、社会工作、社会福利、国际发展与合作。

六、公共管理学阅读名著

《公共管理导论》,(澳)欧文·E. 休斯著,张成福等译,中国人民大学出版社 2015 年出版。这本书是在对传统的公共行政模式与新公共管理模式两种典范进行比较的基础上撰写的,作者认为公共管理作为一种新型的政府治理典范,终将取代传统公共行政。全书详尽阐述了公共管理发展历程中的若干模式——传统的公共行政模式、新公共管理模式、公共政策模式和治理模式,全面介绍了公共管理典范下的战略管理、领导力和人事管理、财政和绩效管理、电子政务的运用和发展等内容,并审视了发展中国家公共管理的发展历程、存在的问题及未来的发展趋势。

《无缝隙政府:公共部门再造指南》,(美)拉塞尔·林登著,汪大海等译,中国人民大学出版社 2014 年出版。这本书用来自美国各级政府的实例展示了如何把再造原理应用到各级政府的管理之中,详述了政府再造的步骤,说明了政府再造过程中怎样评估、设计,怎样克服阻力,怎样实施根本性的变革,揭示了无缝隙政府不是全盘推翻现有的行政运作程序,不是以部门、职能为导向或以数量、规模为导向,而是以顾客为导向,以结果为导向,以竞争为导向。

《公共部门管理》,(美)格罗弗·斯塔林著,常健等译,中国人民大学出版社 2012 年出版。这本书对公共部门管理理论进行了全面的介绍,不仅涵盖了公共管理的最新思想,而且为读者提供了关于公共组织和公共管理者如何运用相关理论的案例研究。这本书以真实的人物和事件案例作为背景,细致入微地展示了公共部门的实际运作情况。

《自上而下的政策制定》,(美)托马斯·戴伊著,中国人民大学出版社 2002 年出版。这本书探讨了基金会、智囊团、政治捐助者、特殊利益代表集团、院外活动者、律师事务所和公共媒体在美国公共政策制定过程中所扮演的不同角色和进行的各种活动。通过对大量案例、数据、图表、特写、调查问卷等的实证分析,描述了美国财富和权力的结构,探讨了公共政策制定的模式和方法,分析了政府如何使政策合法化并加以执行。尤其是作者将公共政策的制定界定为自上而下由精英阶层所操纵和控制的过程,发人深省。

《新有效公共管理者:在变革的政府中追求成功》(第 2 版),(美)科恩、(美)埃米克著,王巧玲等译,中国人民大学出版社 2001 年出版。这本书是《有效公共管理者》一书的修订扩充版。这本书保留了旧版中有关管理的基本内容,在此基础上发展了新的内容,并采用贴近时代脉搏的新案例加以探讨。这本书的"新"主要体现在:集中沃尔克、温特尔和戈尔委员会的报告中反映的有关对管理危机进行回应的思想和建议,公共管理领域的再造和激活运动,将经过检验的、新的全面质量管理的技巧运用于公共管理部门。

《职业优势:公共服务中的技能三角》,(美)詹姆斯·S.鲍曼等著,张秀琴译,中国人民大学出版社 2005 年出版。这本书提出了公共服务的"技能三角"新理念,认为公共服务出现了新的特点,价值观的转变、企业文化的渗透以及信息技术的发展,要求公共服务专业人员提高专业技术水平、伦理道德素质和领导才能。这本书指出,一名优秀的职业公务员应该掌握必需的专业技能,并将其与绩效管理、人力资源管理以及信息技术联系在一起加以运用;同时,他还应该拥有良好的伦理道德素质,并将其运用到公共服务实践中去;最后,他还必须有高超的个人领导能力,而这种个人领导能力的培养是以伦理道德素质和专业技能为基础的。

《公共部门人力资源管理:系统与战略》,(美)唐纳德·E.克林纳等著,孙柏瑛等译,中国人民大学出版社 2013 年出版。这本书是公共部门人力资源管理的经典教材,将公共部门人力资源管理的技术问题与政策制定的政治问题有机地联系在一起,系统地探讨了公共部门人力资源管理的价值、冲突、政治过程和管理技术。全书首先概述了公共部门人力资源管理的主要功能及美国公共部门人力资源管理的现实,进而分为人力资源规划、人力资源获取、人力资源开发、人力资源保障与约束四个部分系统地阐述了公共部门人力资源管理的具体内容。这本书通过对政治过程和管理技术这两个层面的综合分析,揭示了当今公共部门人力资源发展的最新趋势,探讨了平衡公共部门人力资源管理的多元利益需求的动力机制,提出了发展公共部门人力资源战略管理的诸多政策和策略,并通过经典案例分析的形式,提供了解决人力资源发展问题的经验与路径。

《公共部门管理》,(英)诺曼·弗林著,曾锡环译,中国青年出版社 2004 年出版。这本书解析了英国公共部门管理所处的政治与政策环境,以及政治与政策对管理者的影响;系统阐释了英国公共部门管理的市场化改革实践,并对英国公共部门管理变革的成效进行了总体评价。这本书有助于公务人员及公共管理领域的学者们更好地理解当代世界各国公共部门的改革过程。这本书主要描述了英国的改革,正如这本书序言中所说:"这是一本关于英国公共部门管理的书。……这本书帮助那些在公营部门工作和研究公营部门的人们理解和应对新近出现的变化,并将他们置于福利国家的发展和别的国家变化的背景之中。"阅读这本书,至少使人们明白英国的公共管理发生的三方面的转变,并了解英国的公共管理改革值得重视的五方面经验。

《公共部门标杆管理:突破政府绩效的瓶颈》,(美)帕特里夏·基利等著,张定淮译,中国人民大学出版社 2002 年出版。这本书为不同层次的政府管理者提供如何成功创建高绩效政府的实践指南。它突破了抽象的概念,用联邦、州和地方政府中的生动案例阐明了政府中施行标杆管理的前提条件、如何做出标杆管理战略规划、标杆管理如何实施以及如何使标杆管理活动获得成功等内容。

《公共与非营利组织绩效考评:方法与应用》,(美)西奥多·H.波伊斯特著,肖鸣政等译,中国人民大学出版社 2005 年出版。这本书系统地介绍了如何设计和实施公共与非营利组织的绩效考评,告诉读者怎样把绩效指标与组织的管理目标联系起来,怎样分析、加工、报告和利用绩效考评数据,以及怎样让绩效考评系统适应并支持我们的战略和决策过程——包括战略计划与管理、预算、绩效管理、程序改进和标杆比较等管理活动。此外,这本书还揭示了管理人员在实施绩效考评系统中可能遇到的各种问题,并为解决这些问题提出了 30 个对策。

《公共管理案例》(第 5 版),(美)罗伯特·T.戈伦比威斯基著,汪大海等译,中国人民大学出版社 2004 年出版。这本书被称为最具影响力的公共管理案例教材,被许多大学和公共管理教育机构选用。书中所选案例基本上涵盖了公共管理者在实际工作中会遇到的各种典型问题,涉及公共管理过程中的谈判与协商、道德困境与个人尴尬、组织与领导、组织变革与组织文化、人事与人力资源、政策与程序等方面。案例分析紧扣公共管理的实际动作过程,既有现实性,又有可操作性。每个案例还附有提示与问题,从而增加了公共管理的有效性,这本书为公共管理案例教学提供了一种新的选择和视角。

七、研究方法论阅读经典

《社会研究方法》,(美)艾尔·巴比著,邱泽奇译,华夏出版社 2009 年出版。这本书是美国大学的通用社会学教材,是一本具有世界声誉的经典之作。这本书讨论范围广泛,论述严密,从社会理论基本范式到学科报告撰写,从社会研究的基本概念到各种复杂技术方法,深入浅出,循序渐进,既适合专门研究人员阅读,也是其他相关学科研究人员的必备参考书。全书包括研究概论、研究的建构、观察的方法、资料分析这四篇内容。

《公共管理中的应用统计学》(第 5 版),(美)肯尼思·迈耶等著,李静萍等译,中国人民大学出版社 2004 年出版。这本书是作者在公共行政领域多年潜心研究和实践的成果,内容主要分七大部分,包括定量分析基础、描述统计、概率论、回归分析等重点问题。书中的定量分析基础、新增的定性数据分析方法、众多生动的例子以及各种指导性操作程序都使得读者更易于计算和解释各种统计变量。这本书是专门面向公共行政和公共管理及其相关专业学生的统计学教材,被美国 100 多所学校的公共管理学院和专业所采用,涵盖了公共管理领域所需要的所有统计分析工具。书中采用统计学定量分析的方法研究公共管理中遇到的实际问题,注重解释和解决公共管理者面临的现实困境,适合于公共管理专业的学生及实际工作者使用。

《公共管理中的量化方法:技术与应用》(第 3 版),(美)苏珊·韦尔奇、(美)约翰·科默著,郝大海等译,中国人民大学出版社 2003 年出版。这本书是专门为公共管理和公共政策专业学生设计的定量分析方法教科书,包含了全美公共事务和公共行政联合会设定的 MPA 课程所需要的全部研究方法。书中运用图解的形式系统地阐述了公共政策与管理的方法论,内容主要包括:测量与数据收集、政策研究中的计算机应用、回归分析、成本效益分析以及政策研究与公共组织等。

《社会科学方法论》,(德)马克斯·韦伯著,韩水法译,商务印书馆 2013 年出版。这本书以严谨的逻辑结构探讨了以下内容:理想与价值判断之科学批判的意义;经验知识与价值判断的原则区分;文化科学认识兴趣的根本意义;文化科学中理论考察方式与历史考察方式的关系;理想典型概念形成的逻辑结构;经验社会认识的"客观性"的意义;文化价值理念和文化科学兴趣的易变性,以及历史因果考察中的客观可能性与恰当的因果关系;社会学与经济学的"价值阙如"的意义;"目的"与"手段"的批判;"伦理学"的界限;价值讨论和价值诠释;"发展趋势"与"适应":"进步"的概念;理性的进步;规范性因素在经验学科中的地位;关于经济的科学学说的任务。

《案例研究方法的应用》,(美)罗伯特·K.殷著,周海涛译,重庆大学出版社 2009 年出版。这本书结合案例研究方法的理论,描述了一些应用案例研究方法进行研究的案例。这些案例都是由作者本人主持完成的,对意欲采用案例研究方法的研究者能起到一种范例的作用。为了提高这本书的普遍适用性,作者在选取案例时没有局限于某一个领域,而是涉及教育、社区发展、法律实施、毒品滥用和预防、企业转型、地区经济发展、公共卫生等社会科学研究的诸多方面。

《案例研究:设计与方法》,(美)罗伯特·K.殷著,周海涛译,重庆大学出版社2017年版。这本书与其姊妹篇《案例研究方法的应用》是案例研究方法的必读经典书目。这本书从研究规划的角度,将案例研究分为6个相对独立的环节:研究计划、研究设计、研究准备、材料收集、研究分析和报告分享。关于案例研究的实践,这本书最突出的观点就是"案例研究是一个线性、反复的过程"。各章分别对6个环节进行论述,除了说明单个环节的特点与要旨,同时也论述各环节之间的关联性,清晰地展现了案例研究的各环节在实践中如何交叉往复。全书收录了不同学术和专业领域的50余个已发表案例,具有良好的借鉴意义。

第三节　专业名刊

一、中文期刊

1. 中文社会科学引文索引来源期刊

中文社会科学引文索引(CSSCI)是国家、教育部重点研究项目,用来检索中文社会科学领域的论文收录和文献被引用情况。CSSCI遵循文献计量学规律,采取定量与定性评价相结合的方法从全国2 700余种中文人文社会科学学术性期刊中精选出学术性强、编辑规范的期刊作为来源期刊。目前收录包括法学、管理学、经济学、历史学、政治学等在内的25大类的500多种学术期刊。

2. 中国科学引文数据库来源期刊

中国科学引文数据库(CSCD)收录我国数学、物理、化学、天文学、地学、生物学、农林科学、医药卫生、工程技术、环境科学和管理科学等领域出版的中英文科技核心期刊和优秀期刊近千种,其中核心库来源期刊670种,扩展库期刊378种,已积累从1989年到现在的论文记录近100万条,引文记录近400万条,内容丰富、结构科学、数据准确。

3. 北京大学中文核心期刊

北京大学中文核心期刊是北京大学图书馆联合众多学术界权威专家鉴定,国内几所大学的图书馆根据期刊的引文率、转载率、文摘率等指标确定的。确认核心期刊的标准也是由某些大学图书馆制定的,而且各学校图书馆的评比、录入标准也不尽相同,受到了学术界的广泛认同。

4. 其他期刊

包括国外发行的其他期刊和国内公开发行的期刊(不包括科普类杂志和增刊)。

二、外文期刊

国外主要期刊数据库包括:

1. 科学引文索引

美国科学引文索引(Science Citation Index,SCI)于1957年由美国科学信息研究所(Institute for Scientific Information,ISI)在美国费城创办,是由美国科学信息研究所1961年创办出版的引文数据库。

SCI从来源期刊数量划分为SCI和SCI-E。SCI指来源刊为3 500多种的SCI印刷版和SCI光盘版(SCI Compact Disc Edition,SCI CDE);SCI-E(SCI Expanded)是SCI的扩展库,收录了5 600多种来源期刊。

SCI涵盖学科超过100个,主要涉及农业、生物及环境科学,工程技术及应用科学,医学与生命科学,物理及化学,行为科学。

2. 社会科学引文索引

社会科学引文索引为SCI的姊妹数据库,亦由美国科学信息研究所创建,是可以用来对不同国家和地区的社会科学论文的数量进行统计分析的大型检索工具。

1999年SSCI全文收录1 809种世界最重要的社会科学期刊,内容覆盖人类学、考古学、地区研究、商业与金融、传播学、犯罪与监狱、人口统计学、经济学、教育学以及特殊教育、环境研究、人类工程学、种族研究、家庭研究、地理学、接待、休闲、运动与旅游、卫生政策、护理、老年医学、健康与康复、药物滥用、科学史与科学哲学、劳资与劳动、信息科学与图书馆学、国际关系、法律、法医学、语言学、管理科学、运筹学、计划与发展、政治学、精神病学、心理学、伦理学、公共管理、社会学、城市研究、运输、女性研究等55个领域。

3. 工程信息引文索引

Engineering Village平台上的10多个数据库涵盖了工程、应用科学相关的最为广泛的领域，内容来源包括学术文献、商业出版物、发明专利、会议论文和技术报告等等；其中的Compendex就是美国工程索引Engineering Index数据库，是全世界最早的工程文摘来源。现如今，Compendex是科学和技术工程研究方面最为全面的文摘数据库，涉足190个工程学科，囊括了从1969年至今的1 130多万份文摘记录。

4. 艺术人文引文索引

艺术人文引文索引（Arts & Humanities Citation Index，AHCI）也是一个国际上的学术检索工具，AHCI是艺术人文引文索引，也是美国科学信息研究所研发的检索工具之一，专业上比较倾向于艺术类和人文社科，AHCI主要收录的就是艺术与人文科学学术期刊，在国际学术界得到了高度认同，也是国际上知名的检索工具，AHCI检索涉及艺术、人文、语言（包括语言学）、诗歌、音乐、古典文学、历史、东方研究、哲学、考古学、建筑、宗教、电视、戏剧和广播等，其中提供的引文来源包括文章、信件、社论、会议摘要、勘误表、诗歌、短篇小说、戏剧、乐谱、书籍摘录、年表、书目和作品年表以及书评、影评、乐评和剧评，此数据库同样也由Web of Science提供在线阅读和下载服务，帮助研究者了解目前和过往的书目信息及引用文献。

思考题

公共管理理论的发展经历了哪些阶段？每个阶段有哪些特点？

拓展阅读

专业相关网站推荐：中华人民共和国民政部官网、国家乡村振兴局官网、中国农网、中华人民共和国人力资源和社会保障部官网、中国政府网、中国青年网、求是网、光明网、央广网、人民网、法制网、中国政策网、中国社会科学院官网以及北京大学、清华大学、南京大学、复旦大学、中山大学、中国人民大学、南开大学、武汉大学、吉林大学、厦门大学等公共管理学院网站。

参考文献

[1] 朱仁显.公共事业管理概论[M].3版.北京:中国人民大学出版社,2016.

[2] 中国共产党第十九届中央委员会.中共中央关于坚持和完善中国特色社会主义制度 推进国家治理体系和治理能力现代化若干重大问题的决定[N].人民日报,2019-11-06(1).

[3] WALDO D. The enterprise of public administration:a summary view [M]. Novato:Chandler & Sharp Pub,1980.

[4] 蓝志勇.美国公共管理学科的发展轨迹及其对中国的启迪[J].中国行政管理,2006(4):82-87.

[5] 金红磊.浅析公共事业管理专业存在的问题及建设思路[J].民族教育研究,2010,21(2):71-76.

[6] 巫丽君.公共事业管理专业人才培养模式的历史审视[J].浙江工业大学学报(社会科学版),2018,17(2):168-173.

[7] 高大伟.浅析我公共事业管理专业的发展现状与前景[J].中外企业家,2020(1):150-151.

[8] 郭炳南.论公共事业管理专业建设中的突出问题与对策[J].市场周刊:理论研究,2020(2):25-26.

[9] 陈振明.公共管理的实践变化与学科转型[J].公共管理评论,2019(1):41-48.

[10] 高大伟.浅析我国公共事业管理专业的发展现状与前景

[39] 王伯庆,陈永红.就业蓝皮书:2019年中国本科生就业报告[M].北京:社会科学文献出版社,2019.

[40] 苟健健,景晓梅,陈海生.公共事业管理专业就业难的原因及对策研究:以甘肃省兰州市5所高校为例[J].中国管理信息化,2018(8):221-223.

[41] 李晓燕.从"社区工作者需求"到社会治理精细化:基于深圳市N区社区工作者"工作满意度"的分析[J].领导科学论坛,2017(1):26-37.

[42] 竭红云.新时代城市社区治理共同体的建构逻辑与实现路径[J].河北大学学报(哲学社会科学版),2020,45(4):137-143.

[43] 肖京京.公共事业管理专业学生能力提升研究[J].科技资讯,2019,17(8):215-217.

[44] 邓云燕.关于公共事业管理专业大学生的就业预期与现状分析[J].科学咨询,2018(47):55.

[45] 刘爽,张素罗,贾丽凤.以就业结构为导向的公共事业管理专业发展探析:以河北农业大学为例[J].河北农业大学学报(农林教育版),2014(2):34-36.

[46] 雷恩.管理思想的演变[M].北京:中国社会科学出版社,2000.

[47] 罗宾斯.管理学[M].北京:中国人民大学出版社,1997.

[48] 格雷汉姆.管理学的先知[M].北京:经济日报出版社,1998.

[49] 谢尔登.管理哲学[M].北京:商务印书馆,2013.

[50] 萨拜因.政治学说史[M].北京:商务印书馆,1986.

[51] 彭和平,竹立山.国外公共行政理论精选[M].北京:中共中央党校出版社,1997.

[52] 张康之.寻找公共行政的伦理视角[M].北京:中国人民大学出版社,2002.

[53] 德鲁克.管理的实践[M].北京:机械工业出版社,2006.

[54] 徐双敏.公共事业管理概论[M].北京:北京大学出版社,2013.

[55] 冯云廷,陈静.中国公共事业管理体制改革研究[M].沈阳:东北大学出版社,2003.

[56] 陈振明.政府再造:西方"新公共管理运动"述评[M].北京:中国人民大学出版社,2003.

[57] 罗森布鲁姆.重新思考公共管理[J].公共管理评论,2020,2(3):1-2,10-11.

[58] 郭炳南.论公共事业管理专业建设中的突出问题与对策[J].市场周刊,2020(2):25-26.

[59] 高新宇."新经管"建设背景下公共管理类人才培养路径研究[J].蚌埠学院学报,2019,8(3):76-79.

[60] 李碧霄,李泽荃.英美国家公共管理学科体系对我国高校发展的启示[J].华北科技学院学报,2019,16(3):107-113.

[61] 孙璐.公共管理专业《学科导论》课程的建设与实践研究[J].现代商贸工业,2019,40(13):153-154.